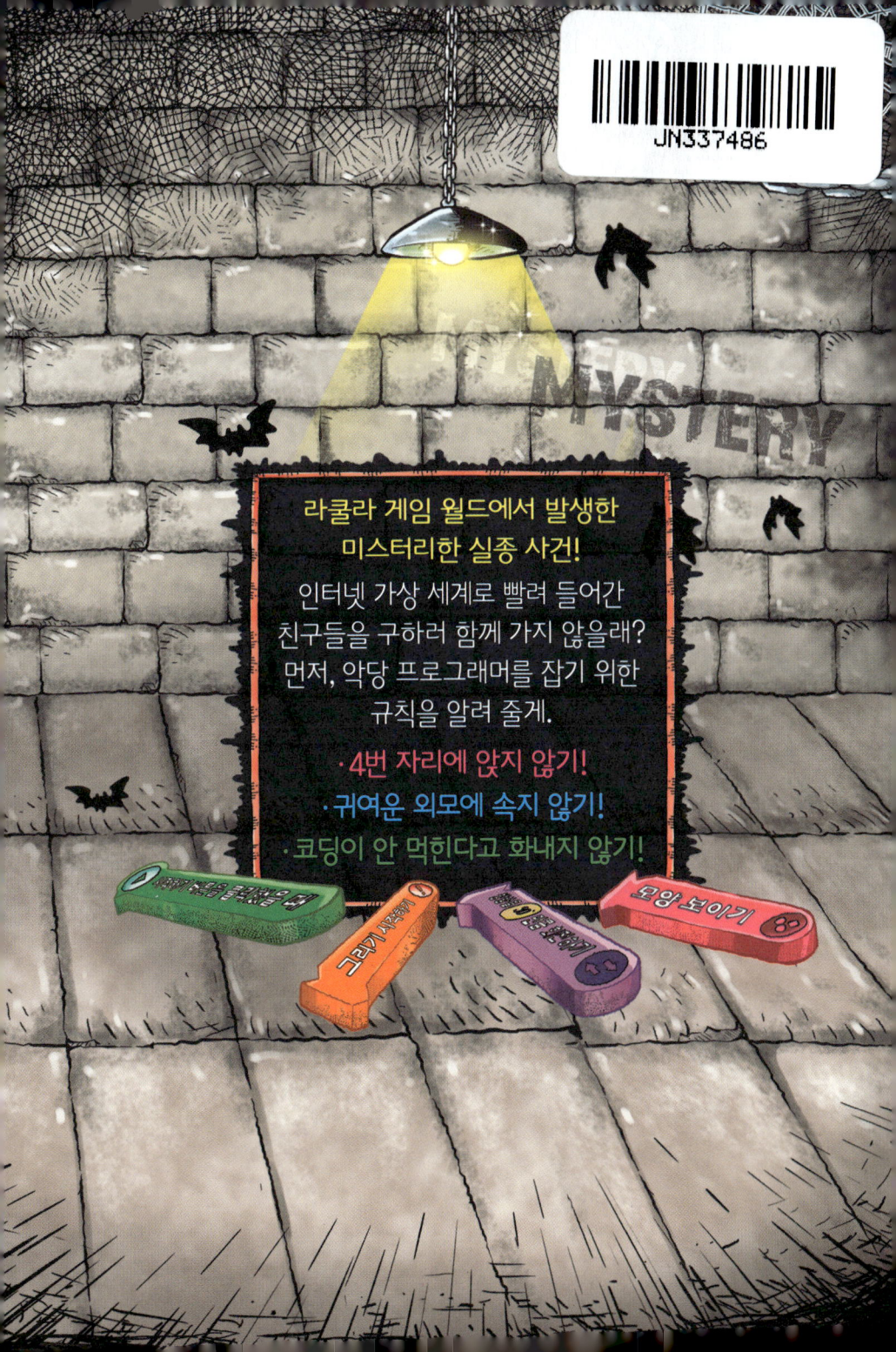

감수 · 송상수 (코딩 교육 소프트웨어 교육 전문가)
소프트웨어교육연구소 소장, 엔트리교육연구소 수석연구원, 네이버 커넥트재단 SW교육플랫폼팀 팀장을 거쳐 현재 교재 집필, 강의, 방송 기획 등 소프트웨어 교육과 관련된 다양한 활동을 하고 있습니다. 지은 책으로는 《송쌤의 엔트리 코딩 학교》 《송쌤의 엔트리 게임 코딩 학교》 《송쌤의 스크래치 코딩 학교》가 있으며 다수의 코딩 관련 도서를 감수하셨습니다.

지음 · 정재은
출판 편집과 방송 작가 등 여러 직업을 통해 얻은 경험을 바탕으로 어린이 작가로 활동 중입니다. 그동안 지은 책으로는 《뚱핑크 유전자 수사대》 《해인강 환경 탐사단》 《정재승의 인간탐구보고서》 〈스토리텔링 수학〉 시리즈의 《게임 수학》 《불가사의 수학》 《스파이 수학》 《바이킹 수학》 《로봇 수학》 《드론 수학》 등이 있습니다.

그림 · 도니패밀리
신재환, 정동호 두 작가님으로 이루어진 만화팀으로, 만화 잡지 〈제트〉가 주관한 신인만화공모전에서 가작을 수상하며 만화계에 등단하였습니다. 펴낸 책으로는 《대한해협 비행하기》 《어린이 첫 수수께끼 사전》 《몰입영어 월드트레블》 《구해줘 카카오프렌즈》 등이 있습니다.

2020년 7월 20일 초판 1쇄 펴냄
2022년 2월 20일 초판 2쇄 펴냄

지음 · 정재은　**그림** · 도니패밀리
감수 · 송상수(코딩 교육 소프트웨어 교육 전문가)
채색 · 고금선　**표지 채색** · 김란희

펴낸이 · 이성호
펴낸곳 · (주)글송이

편집/디자인 · 이유미, 오영인, 임주용
마케팅 · 이성갑, 윤정명, 이현정, 김병선, 문현곤, 조해준, 이동준
경영지원 · 최진수, 이인석, 진승현

출판 등록 · 2012년 8월 8일 제2012-000169호
주소 · 서울시 서초구 능안말1길 1 (내곡동)
전화 · 578-1560~1 **팩스** · 578-1562
홈페이지 · www.gsibook.com

ⓒ 정재은, 2020

ISBN 979-11-7018-581-9　74410
　　　979-11-7018-419-5　(세트)

*이 도서의 국립중앙도서관 출판시도서목록(CIP)은 서지정보유통지원시스템 홈페이지(http://seoji.nl.go.kr)와 국가자료공동목록시스템(http://www.nl.go.kr/kolisnet)에서 이용하실 수 있습니다.
(CIP제어번호: CIP2020027564)

재미있는 수학과 코딩의 세계로 여러분을 초대합니다!

'수학', '코딩'을 떠올려 보세요. 낯선 용어와 공식들 때문에 나도 모르게 어렵다거나 재미없다는 생각이 들 수 있어요. 하지만 우리 주변에는 수학과 코딩으로 이루어진 것이 제법 많답니다. 마트에서 물건을 사려면 계산을 해야 해요. 계산을 쉽게 할 수 있도록 계산대에는 여러 가지 물건을 인식해서 값을 계산해 주는 프로그램이 들어가 있는 것처럼요.

《수학 유령의 미스터리 코딩 수학》은 세상을 수학과 코딩의 관점으로 바라볼 수 있게 도와줘요. 게임이라는 소재는 쉽고 재미있게 수학과 코딩에 접근할 수 있도록 연결 고리가 되어 줄 거에요. 라쿠라 게임 월드에서 일어나는 흥미로운 이야기를 따라가다 보면 낯선 용어들도 쉽게 이해할 수 있고 직접 코딩을 따라 해 볼 수도 있어요. 중간중간 삽입된 컴퓨터와 코딩에 관한 다양한 이야기들은 더 넓은 코딩의 세계로 여러분을 이끌어 줄 거예요.
아직도 수학과 코딩이 어렵고 재미없게 느껴진다고요? 그렇다면 이 책을 통해 재미있는 수학과 코딩의 세계를 경험해 보세요!

코딩 교육 소프트웨어 교육 전문가 송상수

MYSTERY

디지털 가상 세계로 사라진 안천재를 구해 줘!

으앗, 내 친구 안천재가 컴퓨터 속으로 빨려 들어갔어.
모니터를 부수고라도 빼내려고 했는데,
글쎄, 컴퓨터가 아니라 인터넷 가상 세계로 들어갔다지 뭐야.
악당 프로그래머 유령이 악성 코드를 심어
우리 천재를 데려간 거야.
악당 유령에게 대항할 무기는 코딩뿐!
거기 어린이! 그래, 게임보다 재밌는 코딩 수학,
바로 이 책을 펼친 너 말이야. 나와 함께 천재를 구하러 가자.
무섭다고? 떨린다고? 인터넷 세상에 영영 갇힐까 봐 무섭다고?
네가 좋아하는 인터넷 속 게임 세상인데 무서울 게 뭐 있어!
내 친구 인간 코딩 전문가와 유령 코딩 전문가가 힘을 합쳐
우리를 도울 거야.
네가 준비할 것은 용기와 약간의 수학 실력,
그리고 뛰어난 네 상상력이면 충분해.
악당 프로그래머 유령, 꼼짝 마라. 우리가 간다.

From. 수학 탐정 유령

차 례

프롤로그
수상한 게임 월드에
가다! … 9

[1] 4번 컴퓨터의 저주 … 18

미스터리 2000년 1월 1일,
전 세계를 벌벌 떨게 한
밀레니엄 버그의 실체 • 29

[2] 의심스러운 용의자
3인방 … 30

[3] 유령 감옥에 갇힌
아이들 … 43

미스터리 최초의 사이버 범죄자
'모리스' • 53

[4] 수학 탐정 유령
마방진은 코딩보다
수학 … 54

미스터리 최초의 컴퓨터 버그는
진짜 벌레였다? • 63

[5] 유령 엔트리로
안천재 학교 보내기 … 64

미스터리 나쁜 해커가 좋아하는
최악의 비밀번호 • 77

6 유령 감옥에 갇힌 라쿨라 … 79

7 천재를 구한 버그 … 88

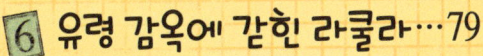
컴퓨터는 왜 이진법을 쓸까? • 103

8 악당 프로그래머 유령의 비밀번호를 알아내라! … 105

9 금바다의 정체를 밝혀라! … 115

10 정다각형 그리기 코딩 대결 … 131

11 유령 기억을 잃어버린 천재 … 144

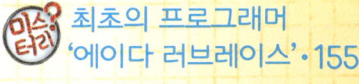
최초의 프로그래머 '에이다 러브레이스' • 155

12 유령 감옥 탈출 대작전 … 156

 에필로그

악당 비트령의 최후 … 168

무선 인터넷을 가능하게 해 주는 바닷속 네트워크 • 175

초등 수학·실과 교과 연계표 • 176

프롤로그
수상한 게임 월드에 가다!

　천재는 오늘부터 절친을 바꿨어. 수학 천재, 과학 천재, 음악 천재에다 의리까지 천재적인 진짜 천재 진지한에서 친구보다 귀신과 유령, 뱀파이어를 더 좋아하는 끔찍한 공포의 여왕 나주리로!
　주리는 뱀파이어를 만날 수만 있다면 천재를 냉큼 제물로 바칠 만큼 의리가 없는 친구야. 하지만 천재는 똥파리처럼 두 손을 싹싹 비비며 주리에게 아양을 떨었지.
　"공포의 여왕님, 진짜로 100원만 내면 마음껏 게임을 할 수 있는 게임 월드에 날 데려갈 거죠?"
　"당연하지, 천재야. 근데 너 목은 잘 씻고 다니니?"

주리는 으스스한 눈빛으로 천재를 바라보았어.

"목? 목은 왜……? 벌써 뱀파이어의 조수라도 된 거야?"

겁에 질린 천재를 보고 지한이는 냉정한 조언을 해 줬어.

"100원짜리 게임 월드는 수상해. 지나치게 싼 가격에는 함정이 있는 법! 정당한 대가를 치르지 않는 건 위험해."

"수상? 함정? 위험?"

주리가 발끈했어. 천재는 오늘 새 절친이 된 주리가 옛 절친이었던 지한이에게 화를 내면 누구 편을 들어야 하나 걱정했어. 하지만 쓸데없는 걱정이었어. 주리는 끔찍할 만큼 호탕하게 웃으며 이렇게 말했거든.

"음하하하, 내가 좋아하는 게 바로 그거야. 수상! 함정! 위험! 천재야, 얼른 가자."

라쿨라 게임 월드는 겉모습부터 아주 독특했어. 좋게 말하면 개성이 뛰어났지만 솔직히 말하면 금방이라도 뱀파이어와 박쥐, 독거미가 튀어나올 것같이 소름 끼치는 건물이었어. 마치 귀신의 집처럼 으스스했지.

"멋지지? 딱 네 스타일이지?"

라쿨라 게임 월드를 보며 소개하는 주리도 갑자기 등골이 오싹했는지 섬뜩 놀라는 표정이었어. 주리는 후들후들 떨리는 천재의 마음을 눈곱만큼도 모른 채 활짝 열려 있는

라쿨라 게임 월드로 천재를 이끌었어.

"안녕, 바보, 안녕, 바보, 안녕, 바보."

검은 앵무새가 소름 끼치게 외쳤어. 순간 서늘한 바람이 천재의 곱슬머리를 파고들었어. 천재의 마음 깊은 곳에서 위험 신호가 울렸어.

'멈춰! 위험해! 돌아가!'

막 돌아서려는 찰나 천재는 보고 말았어. 거대한 모니터에서 반짝이는 화려한 게임을 말이야.

"우아! 엄청나다. 정말 100원이면 돼?"

천재는 휘둥그레진 눈으로 게임에 쏙 빠진 아이들 사이를 왔다 갔다 했어. 구경만 해도 미칠 것처럼 신이 났어. 천재는 딱 하나 남은 빈자리에 앉았어. 떨리는 마음으로 전원을 켜고 기다리는데 어디선가 소곤거리는 소리가 들렸어.

"일단 가둬서 잘 묶을게. 도망? 못 가지. 내가 누군데. 목? 잘 씻겨야지."

'가둬? 묶어?'

천재의 목에 오돌토돌 소름이 돋았어. 천재는 살금살금 소리 나는 쪽으로 다가갔어. 머리에 뿔이 달린 사람이 주리와 마주 앉아 수상한 대화를 나누고 있었어.

"저기……."
머리에 뿔이 달린 사람이 고개를 번쩍 들었어. 유난히 창백한 얼굴에 파란 눈동자, 입가에 흐르는 시뻘건 피…….

"으악! 그때 봤던 뱀파이어다."

천재는 마구 비명을 지르며 달아났어. 아니, 달아나려고 발버둥만 쳤어. 얼음장같이 차가운 손에 붙들려 벗어날 수 없었거든.

"으악, 놔요, 놔 줘요. 난 목도 잘 안 씻어요. 피도 맛없다고요."

낄낄낄! 주리가 마녀처럼 웃었어. 의리 없는 공포의 여왕이 천재를 제물로 바친 걸까?

'역시 엄마 말이 맞아. 옷은 새 옷이 좋고 친구는 옛 친구가 좋다고. 옛 절친 지한아, 미안해. 너를 배신한 나를 용서하렴. 엄마, 아빠, 그동안 감사했어요. 미소야, 구박할

오빠가 사라져서 섭섭하지? 유령이 되어 한번 찾아갈 테니 마음 단단히 먹고 기다려라.'

 마음의 정리를 마친 천재는 눈물이 그렁그렁한 눈으로 뱀파이어를 쳐다보았어. 각오는 했지만 혹시라도 뱀파이어의 심장에 한 방울 남은 동정심을 쥐어짜서 살아남을 수 있지 않을까 싶어서 말이야.

 효과가 있었나 봐. 뱀파이어가 나직한 목소리로 천재를 불렀어.

 "이봐, 간이 특별나게 작은 어린이!"

 뱀파이어는 천재의 코앞에 피가 들어 있는 비닐 팩을 내밀었어. 으웩, 비릿한 피 냄새…….

 "겁먹은 어린 친구! 이건 피가 아니라 액상 철분제야. 빈혈이 심해서 철분제를 먹는데 액상 철분제가 소화가 더 잘 된다고 해서. 꼭 피 같지? 맛도 그래. 한번 먹어 볼래? ㅎㅎㅎ."

 어리둥절한 천재를 주리가 킬킬거리며 놀렸어.

"뱀파이어 만나기가 뭐 쉬운 줄 아냐? 체코에 있는 해골 성당에 가도 없더라."

"그, 그럼 목은 뭐야? 아까 너도 나한테 목은 잘 씻고 다니냐고 물어보고, 이 누나도 목은 잘 씻겨야 한다고……."

천재의 말이 끝나기도 전에 주리가 말했어.

"천재, 네 목이 너무 새까매서 뱀파이어가 아무리 피가 고파도 네 목은 못 물겠다 싶어서 한번 물어본 거야."

크하하하! 뱀파이어 닮은 누나가 뱀파이어처럼 웃으며 말했어.

"조금 전 우리는 앵무새 까미에 대해 얘기하고 있었어. 병원에 가야 하는데 이동 새장 문이 고장 나서 문을 잘 묶어서 가야 하거든. 그리고 주사를 맞아야 하니 목을 깨끗이 씻기겠다고 말한 거지. 내 말이 뭐 이상하니?"

천재는 조금 전까지만 해도 수상했던 대화가 듣고 보니 하나도 수상하지 않았어. 천재는 눈물이 그렁그렁한 눈으로 컴퓨터를 힐끗 쳐다보았어. 주리가 천재의 등을 툭 치며 말했어.

"울지 말고 게임이나 해. 여기 컴퓨터 진짜 좋아. 라쿨라 언니가 게임 프로그래머거든. 직접 코딩한 게임을

테스트하려고 라쿨라 게임 월드를 차렸대. 지금 애들한테 제일 인기 있는 〈유령 감옥 탈출〉 게임 한번 해 봐. 엄청 재밌어."

'게임'이란 말에 꽁꽁 얼었던 천재의 마음이 스르르 녹았어. 막 게임을 하려던 천재는 자리에 붙은 번호를 보았어.

4번!

하필이면 '죽을 사(死)'자 4번 컴퓨터인 것도 찜찜한데 라쿨라는 4번 옆에 빨간색으로 천재의 이름을 썼어.

"네 이름이 안천재라며? 재밌는 이름이네."

 온갖 미신과 징크스에 민감한 천재는 4번 컴퓨터에, 이름까지 빨간색으로 쓰인 게 불길했어.
 "누, 누나…… 내 이름 다른 색으로 쓰면 안 될까요?"
 천재는 소심하게 물었어.
 "왜?"
 "빨간색으로 이름 쓰면…… 내가 죽어요."
 크하하하! 라쿨라는 사악하게 웃다가 갑자기 정색을 하며 말했어.
 "겁쟁이 인간 어린이! 사람은 누구나 죽어!"

4번 컴퓨터의 저주

'라쿨라 게임 월드엔 이제 안 갈 테야. 으스스하고 기분 나빠.'
　신나게 게임을 하고 돌아오는 길에 천재는 결심했어.
　천재의 마음은 결심을 지키려고 애썼어. 하지만 제멋대로인 두 발이 문제였어. 천재의 발은 게임 중독인지 틈만 나면 라쿨라 게임 월드로 향했어. 멍하니 걷다가 정신을 차려 보면 어느새 라쿨라 게임 월드의 4번 컴퓨터 앞에 서 있었지.
　'으으, 못된 발. 왜 또 여길 온 거야?'
　괴로움에 몸부림치고 있는데 불현듯 천재의 머릿속에

4번 컴퓨터가 떠올랐어. 천재는 4번 컴퓨터의 저주에 걸린 걸까?

  천재는 라쿨라 게임 월드에 7번을 갔는데 그때마다 4번 컴퓨터 자리에 앉았어. 단 한 번도 예외는 없었어. 미신을 믿지는 않지만 완전히 무시할 만큼 배짱도 없는 천재는 조금, 사실은 꽤 많이 꺼림칙했어.

  '왜 항상 4번 컴퓨터지?'

> 라쿨라 게임 월드의 컴퓨터는 모두 5대
> 5자리 중 4번 컴퓨터 자리에 앉을 확률은 $\frac{1}{5}$
> 백분율로 계산하면 $\frac{1}{5} \times 100 = 20$
> 천재가 4번 컴퓨터 자리에 앉을 확률은 20%⁽퍼센트⁾

※백분율: 기준량을 100으로 할 때 비교하는 양의 비율.

※퍼센트: 백분율을 나타내는 단위.

'20%면 별로 높은 확률이 아닌데, 갈 때마다 4번에 앉았으니까 나와 4번의 인연은 무려 100%야. 우연이 되풀이되면 운명 아닌가? 어쩐지 불길해!'

천재는 두려움에 벌벌 떨었어. 사실 다른 아이들이 4번 자리에 천재 이름이 쓰여 있어서 항상 비워 둔 것뿐인데 말이야.

오늘도 4번 컴퓨터 앞에 앉은 천재는 불길한 마음을 떨치기 위해 더욱더 게임에 몰입했어. 그러다 갑자기 배가 고팠어. 손이 떨려서 더는 움직일 수 없을 지경이었지.

"라쿨라 누나, 배고파요. 라면 좀 주세요."

"네가 끓여 먹어. 지금 좀 바쁘거든."

"난 라면 잘 못 끓여요. 이래 봬도 엄청 귀하게 자라서 엄마가 맨날 끓여 줬거든요!"

"간이 특별나게 작은 어린이! 그건 귀한 게 아니라 한심한 거야. 10살이 넘은 사람이라면 자기 먹을 것 정도는 스스로 해결해야지. 어쨌든 걱정 마. 내가 엄청난 바보여도 라면을 끓일 수 있도록 요리법을 적어 놨거든. 벽에 붙은 '라면 끓이기 알고리즘'을 따라 하면 돼."

'알고리즘'이라는 단어를 들은 순간 천재는 삭막한 미래 세계로 날아가 죽을 둥 살 둥 고생하는 자신의 모습을

떠올렸어. 어느 재수 없는 밤, 천재의 꿈속에 최첨단 인공 지능 유령 로봇이 나타나 알고리즘이 어쩌고저쩌고하는 꿈을 꾸었던 것 같거든.

"으~ 알고리즘. 그거 컴퓨터가 하는 말 같은 거 아니에요? 난 컴퓨터 말은 싫어요. 사람이 기계 말을 따라 하는 건 인간에 대한 예의가 아니죠!"

"에고, 천재야. 네가 뭘 알다가 만 것 같다. 알고리즘은 컴퓨터 말도, 기계 말도 아니야. 문제를 해결하는 방법이야. 문제를 잘 풀기 위해 먼저 문제를 단계별로 나누고 한 단계씩 차근차근 순서대로 풀 수 있게 만든 것이 알고리즘이야. 컴퓨터는 이런 방법으로 문제를 해결하기 때문에 '알고리즘'이라고 하면 컴퓨터가 생각날 수는 있지."

천재가 미심쩍은 표정으로 갸웃거리자 라쿨라는 설명을 덧붙였어.

"만약에 라면을 한 번도 끓여 본 적 없는 너나 컴퓨터 뇌를 가진 로봇에게 '라면을 꼬들꼬들 맛있게 끓여 줘.'라고 말하면 할 수 있을까?"

천재는 확실하게 고개를 저었어.

"라면 끓이는 방법을 처음부터 단계별로 알려 줘야겠지. 먼저 준비물은 냄비, 물, 라면, 가스레인지, 컵이고 끓이는 방법도 설명해야지. 냄비에 물을 3컵 넣는다. 냄비를 가스레인지에 올리고 가스 불을 켠다. 물이 끓으면 면과 수프를 넣는다. 3분이 지나면 가스레인지 불을 끈다. 이렇게."

"워워, 누나는 날 바보로 알아요? '냄비에 물 좀 넣고 끓이다 라면을 넣고 익혀.' 이렇게만 말해도 다 안다고요."

"정말? 넌 인간이라 중간 단계를 생략해도 알아듣는다 이거지? 하지만 네가 컴퓨터라면 명령어를 순서대로 하나하나 알려 줘야 해. 이건 내가 짠 '라면 끓이기 알고리즘' 순서도야. 네가 컴퓨터라고 생각하고 이대로 라면을 끓여 봐."

천재는 라쿨라가 벽에 붙여 놓은 순서도에 따라 라면을 끓였어. 결과는? 완전 성공! 천재가 직접 끓인 라면은 꼬들꼬들하니 무척 맛있었어.

"우아! '라면 끓이기 알고리즘'을 따라 하니까 엄청 쉽네. 승헌아, 너도 좀 먹어 봐."

천재는 3번 자리에서 게임을 하던 승헌이를 불렀어.

하지만 승헌이는 없었어. 그러고 보니 다른 아이들도 모두 감쪽같이 사라졌네! 아이들이 라쿨라 게임 월드를 나설 때마다 까미가 '게임 오버, 게임 오버, 바보 게임 오버'라며 떠드는데, 천재는 그 소리를 들은 기억도 없었어.

"라쿨라 누나, 다른 애들은 언제 갔어요?"

천재가 떨리는 목소리로 물었어.

"내가 만들었지만 진짜 재밌다, 〈유령 감옥 탈출〉 게임! 겁쟁이 초딩들아, 유령 감옥에서 탈출할래, 유령한테 잡힐래?"

라쿨라는 엉뚱한 소리만 했어.

"누나, 난 지금 심각하거든요. 방금까지 게임을 하던 승헌이랑 6학년 형이랑 다 어디 갔어요?"

"아! 유령한테 잡혀갔나? 킬킬킬, 다음 차례는 특별나게 간이 작은 곱슬머리 초딩 차례인가?"

"그만 좀 해요, 누나. 애들이 갑자기 사라졌는데 이상하지도 않아요?"

"하하하, 벌써 겁에 질린 거냐? 가짜 천재 안천재!"

　라쿨라는 천재와 똑같은 곱슬머리 남자애 캐릭터가 유령을 피해 달아나는 화면을 천재에게 보여 주었어. 천재는 놀라서 소리쳤지.
　"누나, 언제 내 캐릭터를 여기 넣었어요? 정말 너무해요. 난 세상에서 유령이 제일 무서운데……."
　라쿨라는 울상이 된 천재를 보고 웃음을 멈췄어.
　"미안해, 천재야. 내가 장난이 지나쳤어. 이건 그냥 캐릭터이고 게임이야. 인터넷 속 가상 세계 일이니까 너무

걱정 마. 게임에 너무 빠져 중독이 되면 가상 세계와 현실 세계를 구분 못하기도 하지만 넌 아니잖아."

"힝, 몰라요."

천재는 밖으로 뛰쳐나갔어. 까미가 '게임 오버'를 외치며 시끄럽게 천재를 배웅했어.

다음 날, 천재는 다시 절친을 바꿨어. 공포의 여왕 주리에서 진짜 천재 지한으로. 으스스하고 수상한 라쿨라 게임 월드 대신 도서관과 공원에 다녔고, 책을 읽고 자전거를 탔어. 엄청 신나지는 않았지만 평화롭고 즐거웠어. 하지만 느닷없이 절교 비슷한 것을 당한 공포의 여왕 주리는 꽤 불쾌했대.

"가짜 천재, 어젯밤엔 안녕했니?"

주리의 앙칼진 질문에 천재의 어깨가 옴츠러들었어. 주리는 눈을 희번덕거리며 다시 물었지.

"유령 감옥에 갇힌 곱슬머리 남자애를 밤새도록 괴롭혔는데 꿈속에 안 나왔어?"

"어쩐지! 어젯밤 꿈에 온갖 유령이 나타나 난리를 피우더라니! 너 때문이었구나."

천재는 어젯밤 꿈을 점령한 흰머리 유령, 긴 머리 유령,

빨간 머리 유령, 대머리 외계인 유령을 떠올리며 부르르 떨었어. 라쿨라는 어쩌자고 천재를 게임 캐릭터 중 하나로 썼는지!

학교 수업이 끝나자마자 천재는 라쿨라에게 따지러 갔어.
"안녕, 바보, 안녕, 바보, 안녕, 바보."
천재를 보자마자 까미가 푸드덕거리며 인사했어.
"네가 더 바보거든. 이 시끄러운 바보 앵무새야."
천재는 괜히 까미에게 투덜거리며 라쿨라 게임 월드로 들어섰어. 5번 자리에 앉은 주리가 환하게 웃으며 옆자리를 손으로 가리켰어.

천재는 라쿨라에게 따지러 온 것도 잊고 4번 자리에 앉아 게임을 시작했어. 묘하게 불길하면서 내 집처럼 편안한 느낌! 천재는 금세 〈유령 감옥 탈출〉 게임에 푹 빠지고 말았지.
"탈출, 탈출, 탈출하라고!"
어느새 천재의 영혼은 마우스와 한 몸이 되어 움직였어.
"찰칵!"
어디선가 사진을 찍는 희미한 소리가 들렸어. 천재는 문득 옆자리를 돌아보았어. 주리가 없었어. 천재의 심장이 쿵 내려앉는 것 같았어.

"찰칵!"

순간 천재의 몸이 공중으로 붕 떠올라 머리부터 모니터 속으로 빨려 들어가고 있었어.

"살려 줘요! 도와줘요, 마방진."

천재는 강력한 힘에 빨려 들어가며 다급하게 외쳤어.

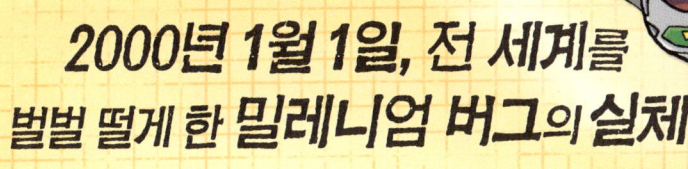

2000년 1월 1일, 전 세계를 벌벌 떨게 한 밀레니엄 버그의 실체

1999년 12월 31일, 전 세계는 새 시대의 설렘과 함께 공포에 시달렸다. 2000년 1월 1일 0시가 되면 컴퓨터 시스템과 파일에 심각한 오류가 생긴다는 '밀레니엄 버그' 때문이었다.

당시 컴퓨터는 연도 표기를 뒷자리 두 자리로 하였다. 1929년은 29년, 1999년은 99년, 2000년은 00년. 이 방식대로라면 컴퓨터는 2000년 1월 1일을 1900년 1월 1일로 인식하여 심각한 오류가 발생될 것이라 생각했다.

'컴퓨터의 오류로 핵미사일이 발사되면 어쩌지?'
'은행이 마비되어서 내 돈을 못 찾으면 어쩌지?'

사람들은 황당한 걱정을 하며 2000년에 일어날 '밀레니엄 버그'를 염려했다. 하지만 2000년 아침, 전 세계의 컴퓨터는 아무런 문제도 일으키지 않았다. 이미 모든 나라와 기업들이 날짜 표기 방식을 네 자리로 바꾸었기 때문이다. 앞으로 9999년까지는 네 자리 표기법으로 충분하니, 당분간 '밀레니엄 버그'를 걱정할 일은 없을 것이다.

의심스러운 용의자 3인방

　수학 탐정 유령 마방진의 탐정 사무소에 다급한 전화가 걸려 왔어. 유령 세계 보호국의 어린이 보호 담당관이었어.
　"마방진 유령님, 인간 어린이들을 가상 세계로 끌어들이는 악당 프로그래머 유령을 잡아 주세요. 당장!"
　"걱정하지 마세요. 명석한 머리, 뛰어난 수학 실력으로 유령 세계에서 일어나는 온갖 미스터리한 사건을 해결하는 전설의 수학 탐정인 저 마방진이……."
　마방진은 잘난 척을 하다 말고 갑자기 침을 꿀꺽 삼켰어.
　"그, 근데 가상 세계가 뭐예요? 새로 생긴 끔찍한 놀이공원인가요?"

"명탐정이라면서 가상 세계도 몰라요? 유령 세계, 인간 세계처럼 실제로 존재하는 세상이 아니라 인터넷 세상에 만든 디지털 사이버 세계 말이에요. 악당 프로그래머 유령이 게임으로 인간 어린이들을 홀리는 것 같아요."

순간 마방진의 머리에 유령 하나가 퍼뜩 떠올랐어.

"게임으로 홀린다고? 그렇다면 킹 몬스터, 아니 김파래 이 녀석이 아직도?"

마방진은 당장 킹 몬스터에게 영상 통화를 걸었어.

킹 몬스터는 마방진의 인간 절친인 안천재를 게임

세상으로 끌어들여 위험에 빠뜨렸던 유령이야. 마방진과 안천재 덕분에 반성하고 새로운 유령 삶을 사는 줄 알았더니 또 인간 어린이들을 꾀고 있었던 걸까?

"킹 몬스터! 과거를 청산하고 착하게 사는 줄 알았더니 아직도 못된 짓을 하고 다니냐?"

"전 아니거든요. 하지만 수상한 소프트웨어를 만든다는 악당 프로그래머 유령 소문은 들었어요. 의심스러운 용의자들의 사진을 보낼 테니 조사해 보세요."

띵동, 띵동! 마방진의 유령 스마트 패드에 용의자 유령들의 사진이 둥둥 떴어.

"천재적인 내 탐정 직감에 따르면 범인은 바로 험상궂은 인상의 검은 턱수염!"

직접 보니 산적 같은 검은 턱수염은 정말로 나쁜 악당처럼 생겼어. 하지만 목소리는 잔뜩 겁먹은 새끼 고양이 같았지.

"저기요, 저는 암호 전문가예요. 은행에 저축한 돈을 아무나 빼 가지 못하게 암호 프로그램으로 보호하는 일을 해요. 그래서 은행 서버를 해킹하는 나쁜 도둑을 잡기도 한다고요. 인간 어린이들을 홀리거나 잡아들이는 일은 해 본 적도 없어요."

"암호로 은행 도둑을 잡는다고? 흥! 뻔한 위장술에 누가 속을 줄 알고? 당신이 정말 암호 전문가라면 이 암호를 해독해 봐요."

징짠첨잰유련타저망밤징니!

검은 턱수염은 생각에 잠기더니 입을 열었어.

"이건 받침이 열쇠군요!"

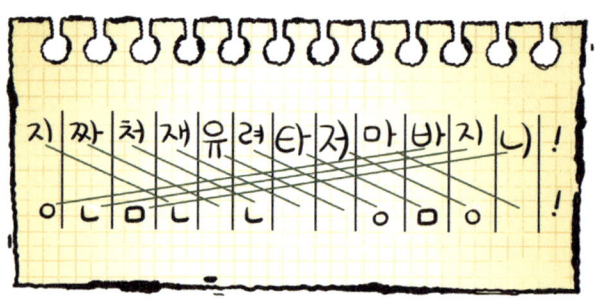

"세 칸씩 밀린 받침을 제자리로 돌려놓으면, 진짜천재유령탐정마방진님!"

검은 턱수염은 재치 있게 암호를 풀었어.

의심을 떨칠 수 없었던 마방진은 검은 턱수염의 컴퓨터와 최근의 행적을 탈탈 털어 조사했어. 하지만 검은 턱수염의 컴퓨터에는 은행 프로그램만 가득했고, CCTV로 살펴본 행적에도 수상한 점이 눈곱만큼도 없었어. 안타깝게도 마방진은 범인을 잘못짚은 거야.

"검은 턱수염 님! 난 편견 덩어리 나쁜 유령이에요. 겉모습만 보고 악당으로 오해했어요. 정말 미안해요. 엉엉엉."

마방진은 진심으로 사과했어. 하지만 진실한 반성은 하지 못했나 봐. 다음에도 증거가 아닌, 직감이 가리키는 범인을 찾아갔거든.

"인간 어린이들을 홀려 가상 세계로 끌어들이는 악당 프로그래머 유령은 바로 당신, 사악한 눈빛의 안경 유령! 여자라고 의심하지 않을 줄 알았지?"

막상 안경 유령의 집에 들어간 마방진은 그만 입을 떡 벌리고 말았어. 여섯 명의 꼬마 유령들이 안경 유령에게 올망졸망 매달려 이야기를 듣고 있었어. 악당 프로그래머가 꼬마 유령들의 다정한 엄마로 위장한 걸까? 마방진은 조금 누그러진 목소리로 물었어.

"저기, 안경 유령님! 인간 어린이들을 홀려서 가상 세계로 끌어들이는 수상한 소프트웨어를 만든다는 제보가 들어왔는데, 혹시 게임 같은 거 만들었나요?"

"당연하죠! 게임 만드는 게 내 전문인걸요. 이렇게 스마트폰을 대면 나타나는 가상 세계와 인간 세계의 다른 점을 찾아봐요."

안경 유령은

※ 정답은 41쪽에서 확인하세요.

〈고 위스퍼 고〉 게임을 마방진에게 보여 주었어.

"다른 그림 6개를 찾았나요? 재밌죠? 혼이 쏙 빠졌죠? 우리 애들도 얼마나 좋아한다고요."

마방진은 〈고 위스퍼 고〉 게임에 쏙 빠졌어. 하지만 탐정 유령 체면을 차리느라 아닌 척 헛기침을 하며 안경 유령에게 말했어.

"흠흠, 유령 혼이 그렇게 쉽게 빠지는 줄 알아요? 그래도 재미는 있네요, 뭐."

이제 남은 용의자 유령은 하나뿐!

마방진은 사진을 보고 힘이 더 빠졌어. 마지막 용의자는 보기만 해도 귀여워서 깨물어 주고 싶은 컴퓨터 천재 비트령이었거든.

"이 귀염둥이가 범인이 아니라는 것에 내 머리털을 다 건다."

대머리 탐정 유령 마방진은 큰소리를 땅땅 쳤어.

역시나 비트령은 냉철한 탐정 유령의 마음도 따뜻하게 녹이는 천사 미소로 마방진을 맞았어.

"헤헤, 탐정 유령님도 참! 제가 뭐 구미호인가요. 인간 어린이들을 홀리게."

"그럴 줄 알았어. 내 탐정 직감은 언제나 정확하니까. 킹 몬스터 때문에 허탕만 쳤네."

빈손을 탈탈 털며 돌아가려던 마방진의 눈에 문득 최신 컴퓨터 장비들이 들어왔어.

"비트령, 요즘 무슨 작업을 하는 거야?"

"다리를 놓고 있어요. 인간 세계와 유령 세계를 잇는 보이지 않는 다리요. 문지기 유령을 통하지 않고 자유롭게 다닐 수 있게요."

마방진의 귀가 솔깃해졌어.

　마방진은 사건 해결을 위해 인간 세계로 내려갈 일이 잦았어. 그때마다 빡빡한 문지기 유령에게 사정을 하고, 기다리고, 통행증 받는 일을 피할 수 있다면? 두 손 들고 환영할 일이었지.

　"그런데 비트령, 유령법에 따르면 문지기 유령 허락 없이 유령 세계를 나가면 불법이잖아. 인간 세계와 유령 세계를 통과하는 데에는 엄청난 에너지도 필요하고. 그런 건 어떻게 해결하지?"

　"천재 탐정 유령님! 고리타분한 과거의 유령이 첨단 미래의 발목을 잡고 있는 걸 그냥 두고 보실 건가요? 저는 과학 기술이 눈부시게 발달함에 따라 유령법도 바뀌어야 한다고 생각해요. 인간 세계와 유령 세계를 통과하는 데 필요한 에너지는 신선한 에너지로 구할 방법이 있을 거예요."

　비트령은 세상 귀여운 천사 미소와 상냥한 목소리로 말했어.

　마방진은 악마의 마음도 열리게 할 비트령의 사랑스러운 미소에 녹아 헤헤거리며 집으로 돌아왔지.

　그날 밤, 마방진은 유령 세계 보호국에 보낼 보고서를 작성했어.

**철저한 자료 조사와 탐문 수사 결과
검은 턱수염, 안경 유령, 비트령은 범인이 아님을
확신한다. 어둠의 유령 세계에서 넘어온 악당
프로그래머 유령들이 더 있는지 조사해 보겠다.**

 마방진은 보내기 버튼을 막 누르려다 멈칫했어. 천재적인 탐정 직감이 마방진의 짧고 통통한 손가락에 '멈춰! 정신 차려!'라는 신호를 보냈거든.
 "어딘가 찜찜해. 어디가 찜찜하지?"

비트령 : 1990년 15세로 사망
인간 이름 : 노영재
인간 시절 별명 : 방구석 왕자
죽기 전 남긴 마지막 말 : 금바다
유령 세계 경력 : 유령 IT 전문학교 수석 졸업.
현재 유령 학교 코딩 선생님
꿈 : 인간 세계에서 금바다 찾기
참고 사항 : 금바다에 집착

 마방진은 흠잡을 데 없는 자신의 보고서에 붙인 첨부 자료를 훑어보았어. 그런데 비트령에 대한 자료 조사가 자꾸 신경이 쓰였지.
 '금바다가 뭐야? 금가루라도 떠다니는 바다인가? 우리 귀여운 비트령, 부자가 되려는 건가?'
 마방진은 비상시를 대비해 문지기 유령에게 미리 받아 둔 인간 세계 통행권을 들고 골똘히 생각에 빠졌어.

※정답

유령 감옥에 갇힌 아이들

"흐흐흐, 이제 신선한 인간 에너지가 아홉, 한 명만 더 있으면 필요한 에너지를 다 모을 수 있어."

컴퓨터가 가득한 방에서 악당 프로그래머 유령이 〈유령 감옥 탈출〉 게임을 하고 있었어.

같은 시각, 인간 세계에서 어리바리한 눈빛의 초딩도 같은 게임에 접속했어.

'게임에 혼이 쏙 빠진 곱슬머리 초딩. 신선한 에너지가 가득하구나.'

악당 프로그래머 유령의 눈동자에 음흉한 빛이 떠올랐어. 악당 프로그래머 유령은 미리 만들어 둔 해킹 프로그램으로

곱슬머리 초딩인 천재의 컴퓨터와 자신의 특별한 카메라를 연결해 두었어.

"열 번째 아이야, 어서 와라."

악당 프로그래머 유령은 자신의 특별한 카메라를 찰칵 눌렀어. 그 순간 천재의 컴퓨터에서도 찰칵!

천재는 갑자기 모니터 속으로 빨려 들어갔어. 양손으로 모니터를 붙들고 버텨 봤지만 소용이 없었어.

"살려 줘요! 도와줘요, 마방진."

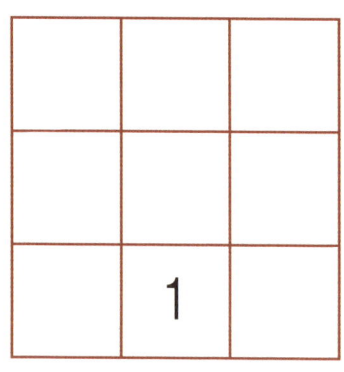

〈마방진 수학 퍼즐〉

천재는 자신도 모르게 마법의 사각형 마방진을 외쳤어. 마방진은 가로, 세로 3칸씩으로 이루어진 정사각형에 1부터 9까지의 숫자를 넣는 수학 퍼즐이야. 숫자를 겹치지 않게 넣어야 하고 가로, 세로, 대각선의 합을 모두 같게 해야 하지. 조금 까다로워서 더 재미있는 마방진 수학 퍼즐!

천재와 지한이는 종종 마방진의 한 칸에 숫자를 적고 빈칸을 하나씩 채워 가는 게임을 했어.

> 가로, 세로, 대각선 숫자의 합이 전부 15야.

이 다급한 상황에서 천재는 왜 마방진을 불렀을까? 갑자기 마방진을 풀고 싶어서? 옛날 사람들처럼 마방진에 마력이 있다고 여겨서? 아니면 무의식중에 수학 탐정 유령 마방진이 생각났을까?

어쨌든 천재의 목소리는 마방진의 귀에까지 들렸어.

"천재다, 우리 안천재. 내 인간 절친 안천재가 위험해!"

인간 세계 통행권을 들고 비트령에 대해 골똘히 생각하던 마방진이 벌떡 일어났어. 그리고는 곧장 유령 세계의 문을

통과해 인간 세계로 날아갔지. 마방진은 눈 깜짝할 사이에 라쿨라 게임 월드에 도착했어.

 천재의 머리와 몸통은 벌써 모니터로 빨려 들어갔어. 다리만 겨우 대롱거리고 있었지. 마방진은 재빨리 천재의 발을 낚아챘어.

 "잡았다!"

 앗! 한발 늦었어. 모니터 속으로 강하게 빨려 들어가는 천재를 마방진은 붙잡을 수 없었어.

 "게임 아웃, 게임 아웃, 바보 게임 아웃."

 까미가 4번 컴퓨터로 날아와 시끄럽게 울었어.

 라쿨라는 깜짝 놀라 4번 컴퓨터로 달려왔어.

 "까미야, 왜 그래? 어? 조금 전까지 천재가 있었는데 어디로 사라진 거지?"

 정신을 가다듬을 시간도 없이 라쿨라의 머리 위로 눈물, 콧물 줄줄 흘리며 우는 마방진이 굴러떨어졌어. 마방진은 모니터로 돌진했어.

 "유령? 설마 나, 미친 거야? 아니면 꿈?"

 라쿨라는 뱀파이어보다 더 하얗게 질린 얼굴로 마방진을 쳐다보았어. 마방진은 모니터를 뚫고 들어가려는 듯 머리를 박았다가 튕겨 나오기를 반복했어.

"왜 난 안 들어가지? 천재는 들어갔는데 왜 난 안 돼? 내가 너무 뚱뚱해? 컴퓨터가 외모 차별하는 거야? 아니면 유령 차별이야? 나빠! 엉엉."

라쿨라는 마방진의 어깨를 톡톡 두드렸어.

"누구…… 니, 넌?"

"명석한 머리, 뛰어난 수학 실려어어억 천재 수학 탐정 유려어엉엉이 아니야. 천재도 못 구한 내가 무슨 천재 탐정이야. 난 그냥 마방진이야. 바보, 멍청이 유령. 엉엉."

라쿨라는 울음이 반이나 섞인 마방진의 말을 용케도 알아들었어.

"진짜 유령 맞니? 와! 나 진짜 유령 보고 싶었는데, 왜 이제야 보게 된 거지?"

마방진은 제 눈물을 손가락으로 찍어 내밀었어.

"사람한테 유령 눈물이 닿으면 유령을 볼 수 있는 거야?"

"응. 유령 침이 묻어도 보여. 우리 천재한테는 뽀뽀로 침을 묻혀서 나랑 함께했던 유령 기억을 살려 내지. 근데 우리 천재는 어디로 간 거야? 컴퓨터 속에도 무슨 다른 세상이 있나?"

"컴퓨터 속 세상? 디지털 가상 세계 말이야?"

'가상 세계'라는 말에 마방진의 눈이 왕방울만 해졌어. 천재의 실종이 마방진이 맡았던 악당 프로그래머 유령 사건과 관련이 있을까? 마방진은 라쿨라에게 악당 프로그래머 유령 사건을 낱낱이 털어놓았어.

"그러니까 컴퓨터 인터넷으로 만든 가상 세계가 점점 커져서 인간 세계와 유령 세계를 연결시켰다고? 악당 프로그래머 유령은 그 사실을 알고 인간 어린이들을 가상 세계로 끌어들였고? 하필이면 내 게임으로? 왜?"

"나도 모르지. 암튼 정말 소름 끼치는 일 아냐?"

마방진은 부르르 떨었어. 라쿨라도 바르르 떨었지.

"정말 소름 끼친다. 소름 끼치게 멋져! 디지털 가상 세계를 통해 유령 세계를 넘나들 수 있다니! 나도 해 볼래. 어떻게 하면 돼? 어디로 넘어가면 되지?"

라쿨라는 재빨리 컴퓨터 앞에 앉았어. 마방진은 덜컥 겁이 났어.

"라쿨라, 절대로 그러면 안 돼. 두 세계를 막 넘어 다니다 보면 죽은 것도 아니고 산 것도 아닌 상태로 지내게 될 거야."

"좀비처럼?"

"그래. 좀비처럼."

"좀비는 쫌 아니다."

아쉽긴 했지만 라쿨라는 유령 세계 견학을 깔끔하게 포기했어. 대신 아이들을 구출하겠다는 의지를 활활 불태우며 천재가 사라진 4번 컴퓨터 자리에 앉아 게임을 했어. 아이들을 찾으려면 게임을 열심히 해 보는 수밖에 없다며.

"찾았다. 아이들이 유령 감옥에 갇혔어."

아이들은 게임 캐릭터가 되어 유령 감옥에 갇혀 있었어.
"마지막 암호를 넣으면 유령 감옥이 열려. 그럼 게임이 끝나니까 캐릭터인 아이들이 인간 세계로 돌아오겠지?"
라쿨라는 마지막 단계의 암호를 입력했어. 유령 감옥 자물쇠가 철컥 열려 날아가기를 바라며.
하지만 자물쇠는 꿈쩍도 안 했어. 암호를 잘못 넣었나? 어디서부터 잘못되었지? 라쿨라는 식은땀을 흘리며 게임 프로그램의 코드를 살펴보았어.
"뭐가 잘못됐어? 우리 천재는 왜 이 유령 감옥에도 없는 거야? 어디로 간 거지?"
"잘 모르겠지만 이 게임 어딘가에 천재도 있을 거야. 내가 찾을게. 내 게임에서 사라졌으니까 내가 코딩으로 구할게."
라쿨라는 슈퍼 영웅처럼 자신만만한 표정으로 타닥타닥, 드렉드렉, 따닥따닥 키보드와 마우스를 조종했어. 멍한 눈으로 지켜보던 마방진이 물었어.
"근데 코딩이 뭐야? 혹시 비밀 무기 같은 거야? 천재는 구해야 하지만 난 폭력은 반대야. 송곳니로 콱 물어뜯는 것도 안 돼!"
라쿨라는 첨단 과학 기술에 약한 구세대 유령인 마방진을 송곳니보다 날카로운 눈빛으로 째려보며 설명했어.

"코딩은 컴퓨터 프로그램을 만드는 방법이야. 컴퓨터는 기계라서 인간의 말을 이해할 수 없으니까 컴퓨터가 이해할 수 있는 언어로 명령을 내리는데, 이런 명령어를 '코드'라고 하고 코드를 짜는 것을 '코딩'이라고 해."

마방진은 열심히 고개를 끄덕였어. 무슨 말인지 알아들을 수는 없지만 첨단 과학 기술 냄새가 폴폴 풍기는 게 그냥 믿음직했거든!

최초의 사이버 범죄자 '모리스'

1988년, 미국항공우주국 연구소의 컴퓨터 시스템이 갑자기 느려졌다. 원인을 찾을 수 없었던 연구진들은 시스템이 더 망가지는 것을 막기 위해 컴퓨터의 전원을 모두 꺼야 했다. 같은 날 미국 국방부, 하버드대학 연구소, MIT연구소 등의 컴퓨터도 같은 문제를 일으켰다. 누군가 미국의 주요 대학과 정부 연구 시설의 컴퓨터를 공격한 것이다. 범인은 미국의 적국인 소련이나 쿠바겠지?
뜻밖에도 범인은 미국 코넬대학의 대학원생인 모리스였다. 당시에는 인터넷이 막 시작된 시기였다. 모리스는 인터넷이 얼마나 널리 퍼졌는지 알고 싶어서 인터넷에 연결된 컴퓨터가 몇 대나 되는지 묻는 프로그램을 퍼뜨렸다. 컴퓨터 시스템을 망가뜨릴 생각은 꿈에도 하지 않았다고 한다. 하지만 그의 프로그램은 예상보다 훨씬 빠르게 널리 퍼졌고, 연결되어 있는 컴퓨터에 끊임없이 자기 복제를 하는 과정에서 감염시킨 컴퓨터를 마비시켰다.
모리스는 이 일로 미국 최초의 사이버 범죄자가 되었다. 그가 퍼트린 못된 프로그램은 인터넷을 통해 퍼진 최초의 바이러스인 '모리스 웜'이다.

수학 탐정 유령 마방진은 코딩보다 수학

 라쿨라는 천하의 악당처럼 험악한 분위기를 팍팍 풍겼어. 한숨을 푹푹 쉬고, 험한 말을 찍찍 내뱉고, 마우스도 탁탁 내리쳤어.
 "이거야 원! 악당 프로그래머 작업실이라고 해도 믿겠네."
 마방진은 라쿨라의 눈치를 보며 중얼거렸어. 순간 라쿨라가 마우스를 집어던졌어.
 "어휴, 안 먹어."
 "뭐, 뭘 안 먹어?"
 마방진은 라쿨라에게 아무 음식도 권하지 않았거든.
 "어휴, 내 코딩이 안 먹혀. 누군가 내 게임을 해킹한 것

같아. 도대체 누가, 왜, 어떻게 한 거지?"

똑똑한 프로그래머도 모르는 문제를 마방진이 알 턱이 있니? 하지만 천재 탐정 자존심이 있지, 마방진은 무슨 의견이라도 내고 싶었어. 마방진은 유령 스마트 패드를 꺼냈어.

"라쿨라, 컴퓨터가 고물이라 그런 건 아니고? 내 최신 유령 스마트 패드를 써 봐. 최고급 사양이야. 엄청 현명하고, 경제적이고, 멋진 내 아내 유령 계순 씨는 늘 내게 말하지. '유령 톡'이랑 '보고서 앱'이랑 '카메라' 기능만 쓰면서 최고급 스마트 패드가 왜 필요하냐고. 근데 뭐 첨단 기기를 필요해서 사나, 패션의 완성이라서 사지. 안 그래?"

마방진은 자랑을 늘어놓으며 으리으리한 최고급 유령 스마트 패드를 내밀었어.

"유령 스마트 패드가 그렇게 좋아?"

라쿨라는 유령 스마트 패드를 잡으려다 놓치고 말았어. 인간은 유령 물건을 만질 수 없거든.

"아! 그 악당 프로그래머 유령이 내 게임을 해킹했다면, 인간 세계 컴퓨터가 아니라 유령 세계 컴퓨터로만 이 문제를 해결할 수 있나 봐! 그래서 내 코딩이 안 먹힌 거고! 그러니까 코딩을 하려면 인간이 아니라 유령이 해야 돼."

라쿨라가 말했어.

"마방진, 가상 세계에 빠진 아이들을 구할 영웅은 내가 아니라 바로 너야. 훌륭한 유령 스마트 패드로 코딩을 해서 천재와 아이들을 구해 줘! 넌 잘할 수 있어. 천재를 구하는 일이잖아!"

"그, 그럴까?"

마방진은 힘없이 대답했어.

원래 마방진은 뻔뻔스러울 만큼 자신만만한 유령이야. 천재 수학 탐정답게 남들은 벌벌 떠는 수학 문제 앞에서도 항상 당당했지.

컴퍼스만 있으면 원의 중심을 옮겨가며 다양한 모양을 그렸어.

직각 삼각자 두 개만 주면 평행선을 몇 개라도 그을 수

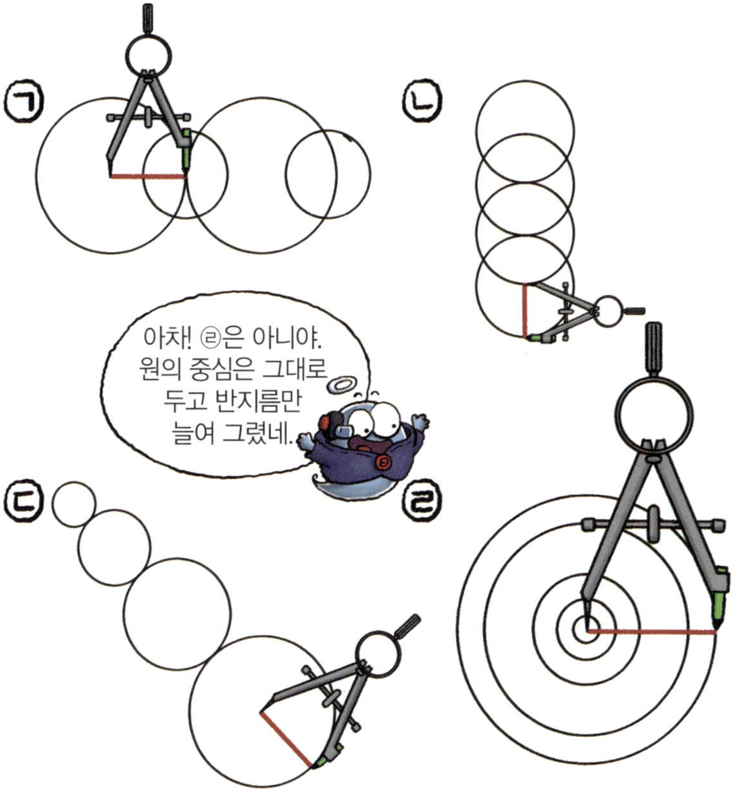

ㄱ ㄴ

아차! ㄹ은 아니야. 원의 중심은 그대로 두고 반지름만 늘여 그렸네.

ㄷ ㄹ

있었지. 평행선은 서로 만나지 않는 두 직선인 거 알지?

하지만 컴퓨터는 명석한 두뇌의 수학 탐정 유령에게 너무

①왼쪽 삼각자를 고정시키고, 오른쪽 삼각자를 그림과 같이 맞춰 한 직선을 긋는다.
②왼쪽 삼각자를 고정시키고, 오른쪽 삼각자를 밑으로 내려서 다른 직선을 긋는다.

어려운 존재였어.

"어휴, 입도 없는 과묵한 기계 녀석에게 뭐라고 첫인사를 건네지?"

마방진은 한숨부터 푹푹 내쉬었어.

"마방진, 유령 스마트 패드를 켜고 인터넷 검색을 해 봐."

눈치 없는 라쿨라의 재촉에 마방진은 하는 수 없이 유령 스마트 패드를 켰어. 으스스하면서도 세련된 바탕 화면이 나타나자 유령 세계의 모든 것을 다 검색해 준다는

'골골닷컴'을 열었어. 그러는 동안 라쿨라는 코딩을 할 때 쓰는 프로그래밍 언어에 대해 설명했어.

"인간 세계에는 프로그래밍 언어가 아주 많아. C언어, 자바, 자바스크립트, 파이썬 등 700개가 넘어. 사람들이 좀 더 쉽고 편리하게 코딩을 하기 위해서 새로운 언어를 계속 개발했기 때문이야. 어려울 거라고 미리 걱정하지 마. 마방진 너는 이런 언어 하나도 몰라도 되거든. 초보자는 이런 프로그래밍 언어로 코딩을 못하니까."

언제는 코딩을 잘할 수 있다고 응원해 주더니 지금은 또 못한다고 하고……. 라쿨라는 마방진을 놀리는 걸까? 성질 급한 마방진이 발끈 화를 내려는 순간 라쿨라가 '교육용 프로그래밍 언어'를 검색하라고 했어.

"교육용 프로그래밍 언어는 초보자나 초등학생들도 쉽게 코딩을 할 수 있도록 도와주는 프로그램이야."

라쿨라는 검색어를 보고 깜짝 놀랐어.

"와, 인간 세계 코딩 프로그램 이름이랑 똑같아. 인간 세계에도 '엔트리'와 '스크래치'라는 교육용 코딩 프로그램이 있어. 초등학생도 코딩을 할 수 있도록 쉽게 만든 프로그램이야. 명령어를 블록에 넣어 놔서 블록을 쌓기만 하면 돼. 유령 엔트리 검색어를 한번 눌러 봐."

마방진은 조심스럽게 클릭을 했어.

"우아, 진짜 똑같아. 인간 세계의 코딩 프로그램인 엔트리와 원리가 똑같다고!"

라쿨라는 보물을 발견한 것처럼 눈이 휘둥그레졌어.

"잘됐다! 내 게임도 엔트리로 코딩했어. 초등학생들이 게임도 즐기고, 코딩도 해 보도록 일부러 교육용 코딩 프로그램을 썼거든. 네가 유령 엔트리로 코딩해서 아이들을 구출해 줘. 내가 도와줄게."

"알았어. 그럼 유령 엔트리를 해 볼게."

마방진은 라쿨라를 믿고 용기를 내기로 했어.

"뭘 눌러야 하지?"

마방진은 유령 엔트리의 첫 화면을 보며 손가락을 덜덜 떨었어. 클릭을 한 번이라도 잘못하면 세상이 폭발하기라도 할 것처럼 말이야.

⟨엔트리 만들기 기본 화면⟩

- **실행 화면** : 시작하기 버튼을 클릭하면 실행 화면에서 코딩 결과를 확인할 수 있다.

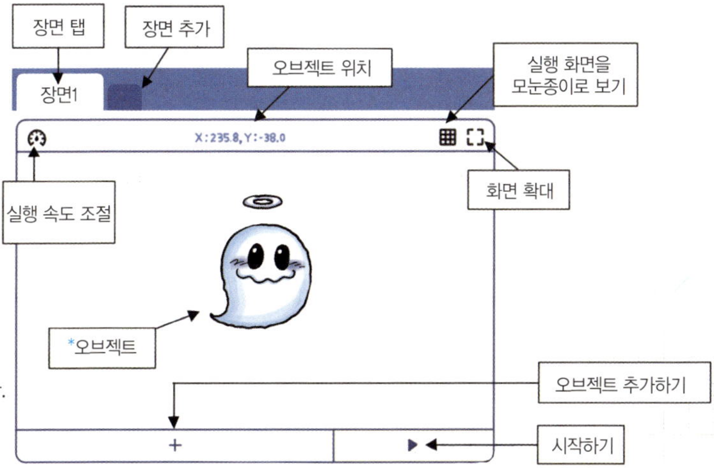

*오브젝트 :
명령어를 통해
움직일 수 있는
캐릭터, 사물, 배경,
글상자 등을 말한다.

- **오브젝트 목록**

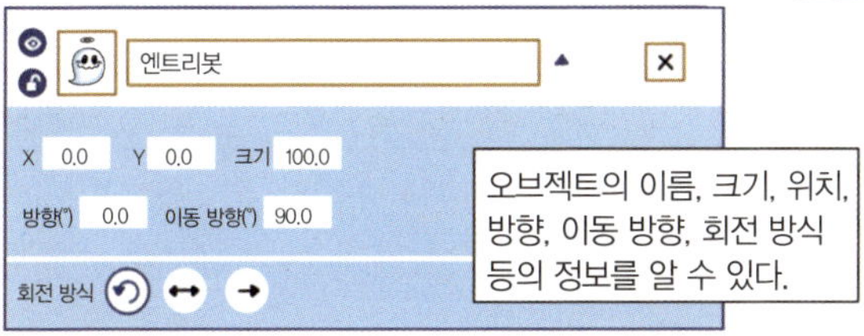

오브젝트의 이름, 크기, 위치, 방향, 이동 방향, 회전 방식 등의 정보를 알 수 있다.

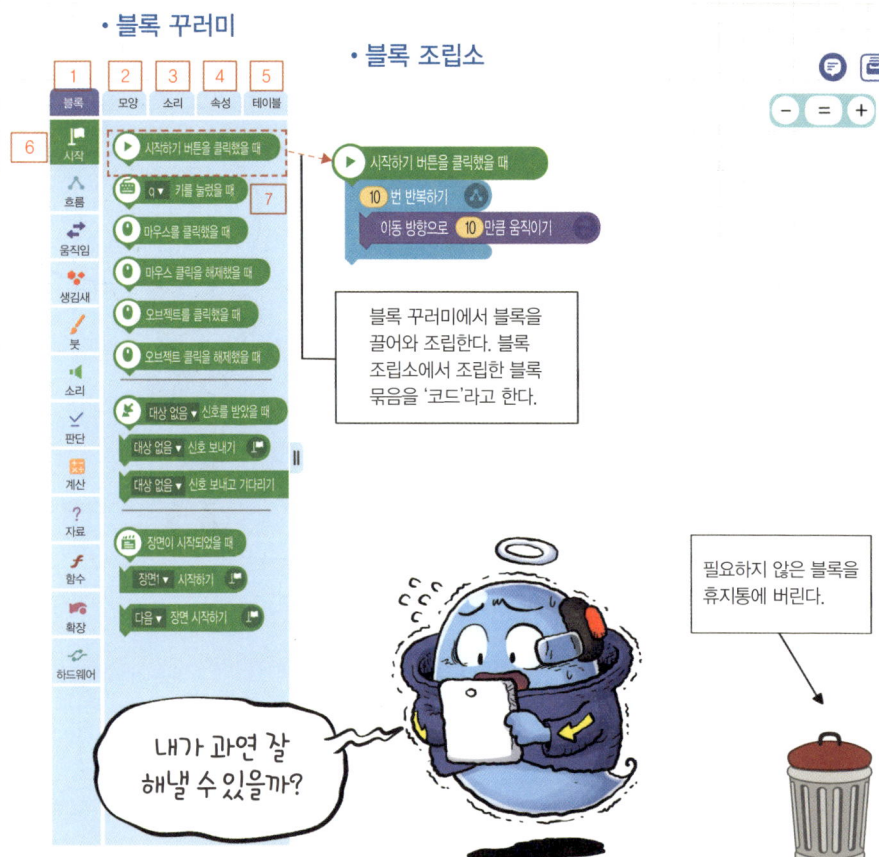

1	블록 탭	오브젝트를 움직일 수 있는 다양한 명령 블록이 있는 곳이다. 시작, 흐름 등 12개 카테고리에 180여 개의 블록이 있다.
2	모양 탭	오브젝트의 모양을 추가하거나 이름을 수정하고 복제하는 등의 작업을 할 수 있다.
3	소리 탭	오브젝트의 소리를 관리한다. 새롭게 소리를 추가할 수 있고, 이미 추가된 소리를 재생 버튼을 이용해서 바로 들어볼 수 있다.
4	속성 탭	코드에 관여하는 변수나 신호, 리스트, 함수 등을 추가할 수 있다.
5	테이블 탭	테이블을 추가하고 수정하는 작업을 할 수 있다.
6	카테고리	같은 성격을 가진 블록을 묶어 놓은 공간이다.
7	블록	가장 작은 단위의 명령어이다. 블록으로 오브젝트에 명령을 내려서 프로그램을 만들 수 있다.

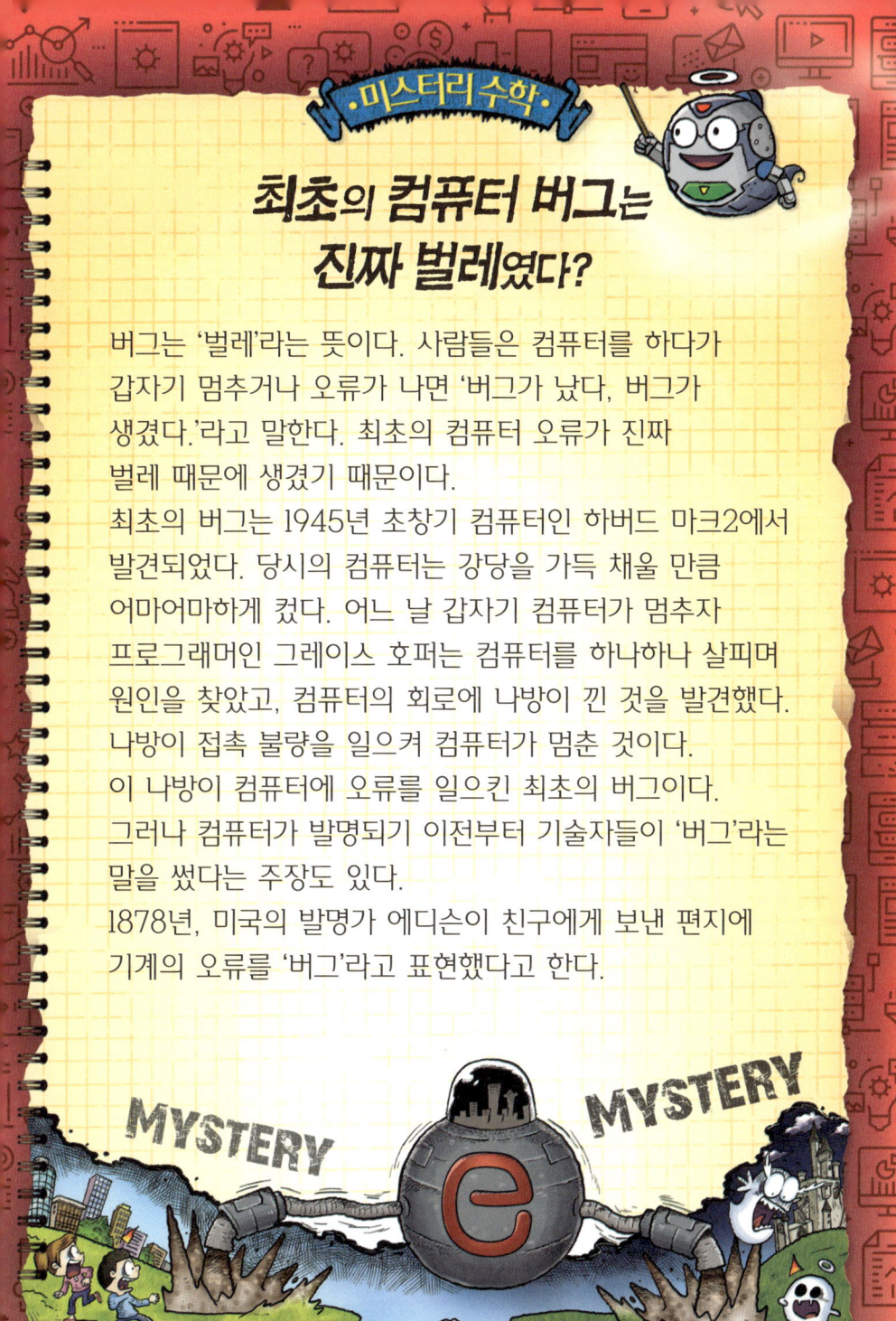

미스터리 수학

최초의 컴퓨터 버그는 진짜 벌레였다?

버그는 '벌레'라는 뜻이다. 사람들은 컴퓨터를 하다가 갑자기 멈추거나 오류가 나면 '버그가 났다, 버그가 생겼다.'라고 말한다. 최초의 컴퓨터 오류가 진짜 벌레 때문에 생겼기 때문이다.

최초의 버그는 1945년 초창기 컴퓨터인 하버드 마크2에서 발견되었다. 당시의 컴퓨터는 강당을 가득 채울 만큼 어마어마하게 컸다. 어느 날 갑자기 컴퓨터가 멈추자 프로그래머인 그레이스 호퍼는 컴퓨터를 하나하나 살피며 원인을 찾았고, 컴퓨터의 회로에 나방이 낀 것을 발견했다. 나방이 접촉 불량을 일으켜 컴퓨터가 멈춘 것이다. 이 나방이 컴퓨터에 오류를 일으킨 최초의 버그이다.

그러나 컴퓨터가 발명되기 이전부터 기술자들이 '버그'라는 말을 썼다는 주장도 있다.

1878년, 미국의 발명가 에디슨이 친구에게 보낸 편지에 기계의 오류를 '버그'라고 표현했다고 한다.

유령 엔트리로
안천재 학교 보내기

"악당 프로그래머 유령아, 내 코딩 맛 좀 봐라!"

마방진은 유령 엔트리로 단단히 무장한 채 가상 세계로 뛰어들었어. 사실은 그냥 유령 스마트 패드에서 〈유령 감옥 탈출〉 게임을 열었어. 아이들이 갇힌 〈유령 감옥 탈출〉 게임이 이 사건의 유일한 단서이니까.

게임의 첫 화면에 누가 있었을까?

짜잔! 곱슬머리 초딩 안천재. 마방진의 인간 절친 천재가 바로 거기 있었어. 라쿨라가 열심히 찾을 때는 보이지 않더니…….

"천재야! 진짜 천재지만 천재 아닌 우리 천재, 내 친구."

　마방진은 화면 속 천재에게 뽀뽀를 했어.
　천재는 잊었던 유령 기억을 줄줄이 떠올렸어. '유령 세계에서 일어나는 온갖 미스터리한 사건들을 해결하는 천재 수학 탐정'이라고 으스대면서 실제로는 귀찮은 사건들을 천재에게 떠넘기는 민폐 유령 마방진. 하지만 여러 사건을 함께 하며 미운 정 고운 정이 다 들어, 다급한 순간 무의식중에 불렀던 둘도 없는 유령 친구 마방진.
　"마방진 형. 나, 게임 속에 있어요. 제발 구해 줘요."
　"걱정 마, 내가 구할게. 백 년쯤 뒤 네가 진짜 유령이 되는

그날까지 안천재는 내가 지킨다!"

마방진은 세상 멋지게 소리쳤어. 반은 허풍일지라도 천재는 마음이 놓였어. 마방진 뒤에서 든든한 미소를 짓고 있는 라쿨라를 보았거든.

반가운 인사를 마친 뒤 마방진은 탐정답게 사건을 조사하기 시작했어. 범인으로 의심할 만한 용의자를 잡지 못했으니 일단 피해자의 진술부터 듣는 거지.

"천재야, 어떻게 그 안으로 들어간 거야?"

"게임을 하는데 찰칵 사진 찍는 소리가 들렸어요. 갑자기 내가 여기 빨려 들어왔고, 나도 모르게 마방진을 외쳤어요."

"잘했어! 위험할 땐 무조건 나를 불러. 혹시 수상한 사람이나 캐릭터, 유령 같은 거 봤니?"

"귀여운 유령을 봤어요. 꺅! 나, 또 유령 세계에 온 거예요?"

"아니, 거긴 가상 세계야. 유령 세계와 인간 세계 사이에 만들어진 디지털 가상 세계."

마방진은 문득 비트령을 떠올렸어. 비트령이 유령 세계와 인간 세계를 잇는 보이지 않는 다리를 만들고 있다고 했던 게 기억났지.

'코딩 전문가이자 천사 유령 비트령에게 이 사건 해결을 위한 아이디어를 구해야겠어.'

마방진은 생각을 정리하고 다시 천재에게 물었어.

"천재야, 거기 탈출 방법을 나타내는 힌트가 있을지 몰라. 뭐라도 좀 찾아봐."

"아유 참, 탐정은 마방진 형이잖아요. 난 가엾은 초딩

피해자라고요."

 게임 속에서 꼼짝 못 하는 캐릭터 신세가 된 천재에게 힌트를 내놓으라니 역시 허당 탐정 유령다웠어. 천재는 이런 유령 형을 믿어도 되나 싶었지만 믿기로 했어. 마방진이 천재를 위험에 빠뜨린 적은 많지만 진짜 유령으로 만든 적은 없었거든!

 "참! 근데 마방진 형, 내 배꼽 좀 긁어 줘요. 너무 가려운데 팔을 움직일 수가 없어요."

 마방진은 손톱 끝으로 천재의 배를 톡톡 두드렸어.

비상 탈출 : 학교에 가라, 가장 빠른 방법으로!

클릭!

"앗! 힌트가 나왔다."

"배꼽을 클릭하니까 힌트가 나왔어."

마방진과 라쿨라가 동시에 외쳤어. 하지만 천재는 겁이 났어.

"힌트가 아니라 속임수이면 어쩌지? 가상 세계의 지옥 같은 곳으로 보내는 거면?"

마방진과 라쿨라는 잠시 말을 잃었어. 위험에 처한 사람은 천재이니까 천재가 싫다면 힌트대로 움직일 수 없었어.

천재는 한참을 고민했어.

"알았어요. 날 학교로 보내 줘요. 뭐든 해 보는 게 안 하고 후회하는 것보단 낫겠지. 비상 탈출이라니까 유령 세계든 인간 세계든 어디로든 나가긴 하겠지?"

라쿨라는 고개를 끄덕이며 마방진을 쳐다보았어. 이번에는 마방진이 덜컥 겁을 냈어.

"나? 나보고 하라고? 천재를 학교로 보내라고? 난 코딩도 잘 모르는데 잘못해서 어둠의 유령 세계로 보내면 어쩌지?"

겁에 질린 마방진을 라쿨라와 천재가 간절한 눈빛으로 쳐다보았어. 이번에는 마방진이 용기 낼 차례!

"알았어, 천재야. 너를 학교로 보내 줄게. 이 정도

코딩쯤이야 누워서 구구단 외기지. 그것도 2단. 일단 연습부터 좀 하고."

마방진은 떨리는 손으로 블록을 움직이기 시작했어.

　마방진은 블록을 하나씩 블록 조립소로 옮길 때마다 자신이 내리는 명령대로 천재가 움직이는 게 정말 신기했어. 신이 난 마방진은 코딩에 자신감이 붙었는지 블록을 마구 옮겨 대는 통에 천재는 이리 갔다 저리 갔다 해야 했어.

　심지어는 화면 바깥으로 나가는 바람에 끝도 없는 가상 세계 어딘가로 사라질 뻔했지 뭐야. 다행히 라쿨라가 옆에서 도와주었어.

" 화면 끝에 닿으면 팅기기 를 이용해 봐."

"좋았어. 그럼 이렇게?"

"으악!"

천재는 똑바로 서서 갔다가 물구나무서기로 왔다가 하며

한바탕 난리를 쳤어. 라쿨라가 오브젝트 목록에 있는 회전 방식을 좌우 방향 회전으로 바꾸라고 하지 않았다면 천재는 영혼까지 빠져나갈 뻔했어.

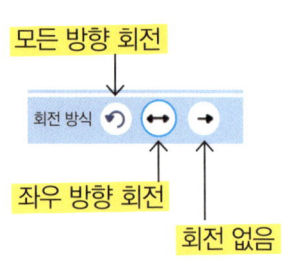

모든 방향 회전
좌우 방향 회전
회전 없음

"라쿨라 누나, 게임 캐릭터도 멀미해요? 나, 어지러워서 토할 것 같아요."

"토하게 코딩을 하면 토하겠지. 하지만 마방진의 솜씨로는 아직 어림없어. 다행이지?"

라쿨라는 독특한 방식으로 천재를 토닥이고 마방진에게 말했어.

"이제 진짜로 코딩을 해 봐. 코딩을 시작하기 전에는 먼저 계획을 세워야 해. 무엇을, 어디로, 어떻게 움직이고 싶은지……."

마방진은 그 어느 때보다 진지하게 생각했어.

〈마방진의 코딩 계획〉
1. 목표 : 천재를 학교로 보내기.
2. 방법 : 가장 짧은 길로 이동시킨다.

천재를 학교로 보내는 길에는 여러 가지가 있어.
마방진은 세 가지 길을 떠올렸어.

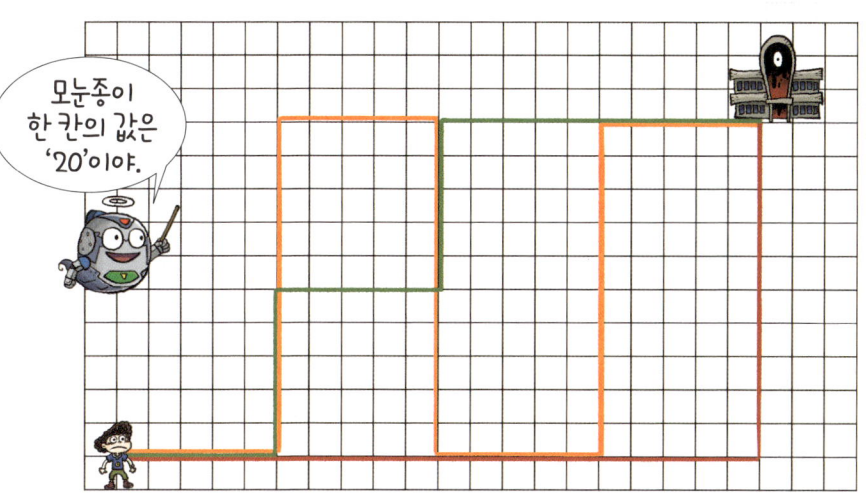

"주황색 길! 꼬불꼬불 돌아가는 길은 산책하기는 좋지만 너무 멀어. 지금처럼 급한 상황에서는 빠른 길이 아니야. 초록색 길과 빨간색 길은 거리가 같아. 학교까지 갈 수 있는 가장 짧은 길이야."

마방진은 움직이기, 반복하기, 방향 바꾸기 블록을 이용해 천재가 초록색 길로 가도록 코딩을 했어. 마방진의 눈빛에 자신감이 넘쳐흘렀지.

"짜잔! 이제 시작하기 버튼을 클릭하면 천재는 학교로

가겠지?"

마방진이 떨리는 손가락으로 시작하기 버튼을 클릭하려는데 갑자기 라쿨라가 소리쳤어.

"잠깐! 다시 한번 생각해 봐."

"왜? 맞는데?"

"초록색 길과 빨간색 길은 둘 다 짧은 길이야. 하지만 초록색 길은 빨간색 길보다 방향을 한 번 더 바꿔야 해. 코딩에서 가장 빠른 방법이란, 가장 단순한 코드야.

불필요한 명령이 없어야 속도도 빠르고 문제가 생길 확률도 줄어들거든."

마방진은 다시 한번 블록을 옮겼어. 가장 짧은 길이면서도 가장 단순한 코드인 빨간색 길로 이동하도록 말이야.

마침내 마방진은 '비상 탈출 : 학교에 가라. 가장 빠른 방법으로!'라는 코딩을 완성하고, 떨리는 손가락으로 시작하기 버튼을 눌렀어.

코딩 결과는 성공! 천재가 드디어 학교에 도착했어.

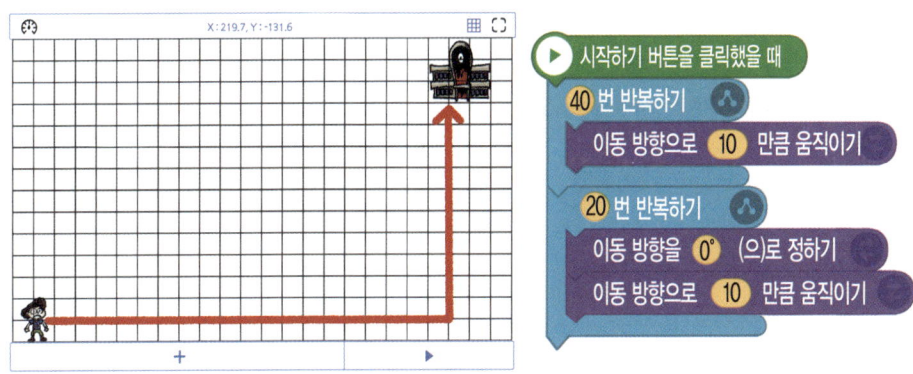

"와! 살았다."

천재는 방방 뛰며 기뻐하고 싶었어. 하지만 방방 뛰는

모습조차 코딩을 해 줘야 하는 캐릭터 신세였지. 마방진은 가련한 캐릭터 천재를 손가락으로 쓰다듬었어.

그 순간 천재는 사라지고 모니터의 한가운데에 전구만 하나 달랑 나타났어.

그리고 의미심장한 목소리가 들렸어.

"꽉 채워 줘!"

미스터리 수학

나쁜 해커가 좋아하는 최악의 비밀번호

해커는 원래 '컴퓨터와 컴퓨터 프로그래밍을 좋아하여 뛰어난 기술을 가진 사람들'이라는 뜻이다.
마이크로소프트 회사를 창업한 빌 게이츠와 애플 회사를 창업한 스티브 잡스도 과거에 해커였다.
그런데 최근에는 나쁜 의도로 다른 컴퓨터를 공격하여 범죄를 저지르는 사이버 범죄자를 주로 '해커'라고 부른다. 해커는 다른 컴퓨터를 공격하는 프로그램을 만들어 몰래 정보를 빼 가고, 컴퓨터의 활동을 멈추게 하는 등의 범죄를 저지른다.

나쁜 해커로부터 내 정보를 보호하려면 어떻게 해야 할까? 고난도의 기술을 가진 해커들도 쉽게 풀 수 없게 내 비밀번호를 복잡하게 만들면 된다. 혹시 내가 가입한 웹사이트나 SNS의 비밀번호가 내 생일과 같거나 전화번호, 123456, 111111 또는 말 그대로 비밀번호를 영어로 쓴 'password'인가? 그렇다면 해커가 고생할 필요도 없이 금세 알아낼 수 있는 최악의 비밀번호를 쓰고 있는 중이다.

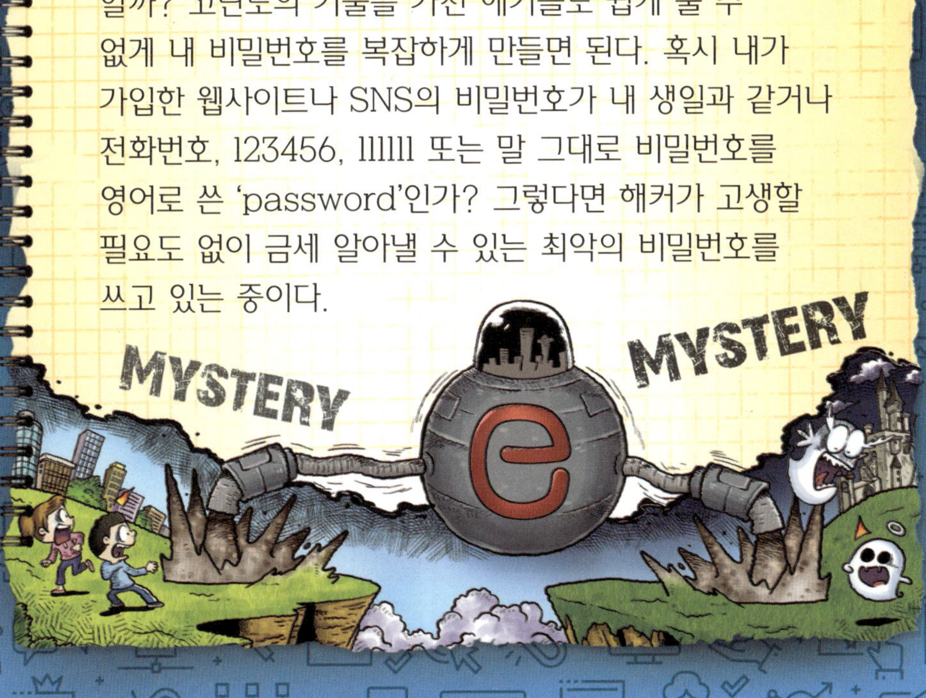

6
유령 감옥에 갇힌 라쿨라

마방진과 라쿨라는 멍하니 화면을 봤어. 화면 가운데에서 반짝이는 전구가 마방진과 라쿨라를 놀리는 것 같았어.
"이 전구, 어디서 본 것 같지 않아?"
라쿨라가 먼저 입을 열었어. 마방진도 단순하게 생긴 그 전구를 요리조리 뜯어보았어.
"라쿨라, 유령 감옥에 갇힌 아이들 좀 다시 보여 줘."
라쿨라는 게임 월드의

 4번 자리에 앉아 모니터로 유령 감옥에 갇힌 아이들을 보여 주었어.
 "역시! 이 아이들의 이마에 전구가 있어. 하지만 천재는 이마에 전구가 없었어. 있었다면 뽀뽀할 때 부딪혔을걸."
 "정말이네. 유령 감옥에 갇힌 아이들은 천재보다 먼저 사라졌어. 그 아이들은 이마에 전구가 있고 천재의 이마에는 없다면, 전구에 무슨 뜻이 있을 거야."
 라쿨라의 말이 끝나기도 전에 마방진은 전구를 톡톡 클릭했어.

비상 탈출 : 전구로 화면을 가득 채워라.

또다시 힌트가 나타났어.

"좋았어. 두 번째 코딩이다."

마방진은 이제 능숙한 프로그래머 냄새를 폴폴 풍기며 코딩을 하고 싶었어. 하지만 블록을 옮겨야 할 통통한 손가락은 또 허공을 헤매지 뭐야. 이럴 때 필요한 것은? 바로 인간 프로그래머 라쿨라의 도움이야.

"마방진, `도장 찍기` 블록을 사용해 봐. 오브젝트를 복사해서 도장처럼 여러 번 찍을 수 있어."

마방진은 라쿨라의 도움을 쪼금 받아 코딩을 시작했어. 물론 먼저 코딩 계획을 세웠지.

〈마방진의 코딩 계획〉

1. 목표 : 화면을 전구로 꽉 채우기.

2. 방법 : 화면 가운데의 전구를 맨 왼쪽, 맨 위쪽으로 옮긴다. 도장 찍기 블록을 사용하여 같은 모양을 계속 찍는다. 가로로 한 줄을 찍고, 그 밑에 또 한 줄, 그 밑으로 또 한 줄……. 전구로 화면을 꽉 채울 때까지 반복한다.

"라쿨라, '오브젝트를 맨 왼쪽, 맨 위쪽으로 좀 옮겨 줘.'라는 블록도 있어?"

묻기는 했지만 마방진도 그런 블록은 없을 거라고 생각했어. 컴퓨터는 두루뭉술한 명령은 이해하지 못하잖아. 어디를 기준으로 왼쪽인지, 얼마나 왼쪽인지 정확한 위치를 말해 줘야지. 좌표처럼.

"맞다. 좌표로 표시하면 되지! 데카르트, 고마워."

마방진은 혼자 묻고 혼자 대답했어.

좌표는 좌석의 번호표 같은 거야. 가로축과 세로축을 수직으로 그은 다음 일정한 간격으로 숫자를 적어서 위치를 표시하는 방법이야. '데카르트'라는 운 좋은 수학자가

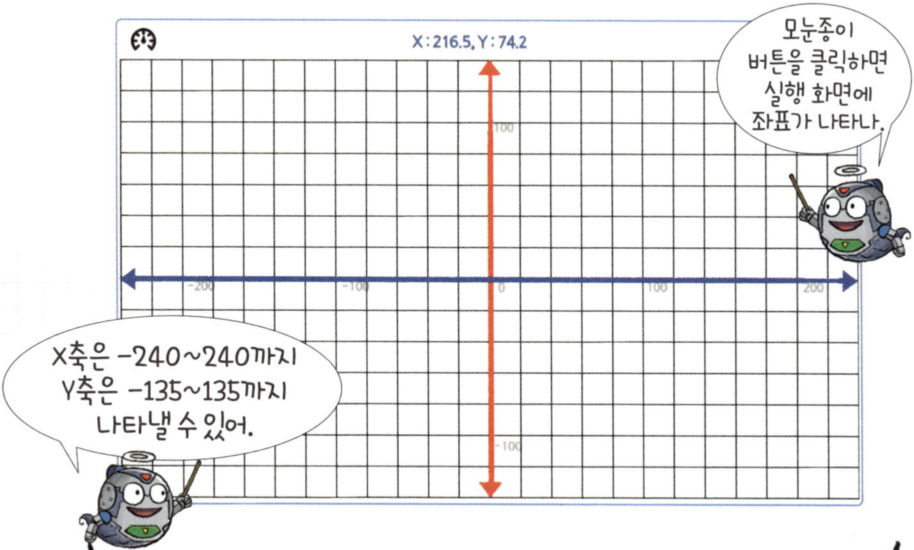

모눈종이 버튼을 클릭하면 실행 화면에 좌표가 나타나.

X축은 -240~240까지 Y축은 -135~135까지 나타낼 수 있어.

침대에서 빈둥거리다 천장에 붙은 파리를 보고 알아냈대. 엔트리의 실행 화면에서 모눈종이 버튼을 클릭하면 좌표가 나타나.

"전구를 맨 왼쪽, 맨 위쪽으로 보내려면 X축은 -240, Y축은 135로 정하면 되지."

마방진은 자신 있게 시작하기 버튼을 클릭했어. 하지만 전구는 너무 높이, 너무 멀리 가 버렸어. 실행 화면 밖으로 나갈 뻔했다고.

"에? 왜 이래? 라쿨라, 와서 이것 좀 봐 줘."

라쿨라는 대답을 하지 않았어.

"라쿨라?"

마방진이 다시 한번 불렀지만 아무 대답도 없었어. 불길한 예감이 마방진의 머리를 스르르 감쌌어. 마방진은 소리 없이 날아올라 라쿨라 게임 월드를 내려다보았어.

라쿨라는 없었어. 한자로 '죽을 사'와 같다고 천재가 무서워하던 4번 자리에도, 액상 철분제를 쪽쪽 빨아 먹던 라쿨라 자리에도 없었어. 당황한 앵무새 까미만 라쿨라

게임 월드의 4번 컴퓨터 위에 앉아 웅얼거렸어.

"게임 아우우우."

'설마 라쿨라도 가상 세계로 들어간 거야?'

마방진은 4번 컴퓨터로 게임 속 유령 감옥을 들여다봤어. 공포의 여왕 주리 옆에 라쿨라가 서 있었어. 라쿨라도 가상 세계로 빨려 들어가고 만 거야.

라쿨라는 당황해서 어쩔 줄 몰랐어.

"마방진, 이걸 어쩌지? 찰칵, 사진 찍는 소리가 들리더니 내가 여기 들어와 버렸어."

"으악! 이를 어째. 라쿨라 너까지 거기로 들어가 버리면 어떡해."

마방진은 정말 어이가 없었어.

"라쿨라, 이젠 어떡하지? 천재랑 너랑 다른 아이들을 어떻게 구해? 난 아직 코딩도 잘 못하는데."

마방진은 화도 나고, 슬프고, 아이들을 못 구할까 봐 겁도 났어.

갑자기 가상 세계로 빨려 들어간 라쿨라는 당황했지만 더 당황하고 있을 마방진부터 달래야겠다는 생각이 들었어.

"마방진, 할 수 있어. 너는 가상 세계로 빠진 인간을 구한 유령 영웅이 될 거야. 당황하지 말고 차근차근 코딩을 다시

해 봐. 응?"

 라쿨라는 으스스한 유령 감옥에서 허공에 대고 열심히 외쳤어. 하지만 마방진은 그 말을 들을 수 없었어. 인간 컴퓨터로는 소통이 전혀 안 되거든. 라쿨라와 마방진의 대화도 서로에게 전달되지 못한 채 허공으로 사라져 버렸어. 하지만 마방진은 자신을 응원하는 라쿨라의 표정을 읽었어.

 한참 후, 마음을 가라앉힌 마방진은 유령 스마트 패드를 붙잡고 차근차근 코딩을 시작했어. 가상 세계에 빠진 천재와 라쿨라, 아이들을 구할 때까지 코딩을 하고 수사를 하고 무언가 하고 또 하는 수밖에.

 마방진은 막혔던 코딩을 다시 생각했어.

 "그래! 위치를 정할 때 전구의 중심과 크기를 계산하지 않았어. 그래서 전구가 너무 높이 올라간 거야. 전구의 크기는 가로 40, 세로 40이야. 그리고 전구의 중심을 기준으로 움직이니까 계산을 해 보면……."

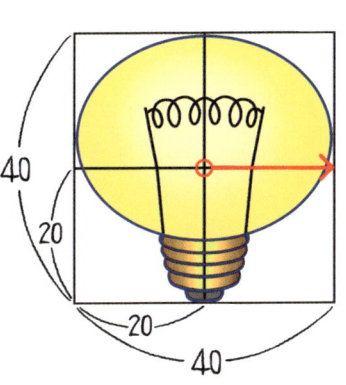

X축은 −240−(−20)=−220
Y축은 135−20=115

"전구를 맨 왼쪽, 맨 위쪽으로 보내려면 X축은 −220, Y축은 115 좌푯값 위치에 있어야 전구가 제대로 보여."

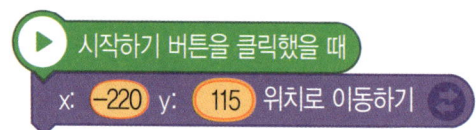

 마방진은 드디어 원하는 위치로 전구를 옮겼어. 이제 도장을 찍으면 돼. 먼저 가로로 한 줄 찍으려면 가로줄에 전구가 몇 개 들어가는지 알아야겠지? 그리고 세로줄에 전구가 몇 개 들어가는지 알면 돼. 수학 탐정 마방진에겐 아주 쉬운 계산이었어.
 화면을 전구로 가득 채우려면 가로줄에 전구가 12개씩 들어가야 하고, 세로줄에는 전구가 7개 들어가면 돼.
 "이걸 코딩해 보면……."
 마방진은 조심스럽게 블록을 옮겼어. 이제 시작하기 버튼을 누르면 화면에 전구가 가득 찰 거야. 그리고 또 어떤 일이 벌어질까? 유령 세계, 인간 세계에서 온갖

이상하고 수상하고 요상하고 기괴하고 끔찍한 일을 다 겪은 마방진이지만 가상 세계의 일은 예측할 수 없어서 더 떨리기만 했어.

천재를 구한 버그

 전구가 화면에 꽉 들어찼어. 천재가 나타날까? 가상 세계에서 인간 세계로 천재가 비상 탈출을 할까? 마방진은 숨을 죽이고 기다렸어. 습관처럼 숫자를 세면서 말이야. 하나, 둘, 셋쯤엔 뭐가 나올 줄 알았지. 하지만 아무것도 변하지 않았어. 넷, 다섯에도 소식이 없고 여섯, 행운의 일곱까지 세도 화면은 그대로였어. 여덟, 아홉, 열! 마방진은 포기하는 심정으로 열하나, 열둘, 서양에서 불길하게 여긴다는 열셋!
 갑자기 전구가 사라지고 그토록 기다렸던 천재가 화면에 나타났어.

"천재야!"

다시 나타난 천재를 보고 마방진은 방방 뛰었어. 인간 세계로 탈출하지는 못했지만 천재가 무사한 것만으로도 뛸 듯이 기뻤으니까.

"안 보이는 동안 별일 없었지?"

마방진의 철없는 얼굴에 걱정이 덕지덕지 붙어 있었어.

"응."

천재는 천진난만하게 대답했어. 하지만 마방진이 보기에는 별일이 있었어. 천재의 이마에 떡하니 전구가 붙어 있었거든.

"으악! 천재 네 이마에도 전구가 붙었네. 안에서 무슨 일이 있었어? 누가 붙였어? 악당 프로그래머 유령이지? 그 나쁜 녀석을 봤어? 널 움직였어? 응, 응, 응?"

마방진은 호들갑스럽게 물었어.

"좀 이상한 일이 있긴 했어요. 마방진 형이 안 보이는 동안 가상 세계 게임 속에서 내가 막 움직였거든. 형 말고도 나를 코딩할 수 있는 사람이 또 있나 봐요."

"사람이 아니라 유령이겠지. 나쁜 악당 프로그래머 유령일 거야. 혹시 그 녀석 얼굴을 봤어? 눈이 부리부리하고 얼굴에 막 흉터가 있고, 입술을 실룩거리며

험한 말을 하는 그런 유령이지?"

"아니요. 동글동글 귀엽게 생긴 유령밖에 못 봤는데! 날 보더니 당황하면서 '어, 버그야? 내 완벽한 코딩에 버그가 났어?' 막 이러던데요?"

"버그? 그 유령 눈이 너무 나쁜 거 아냐? 너보고 벌레라고?"

천재는 그만 웃음을 터뜨렸어. 위급한 상황에서도 천재를 웃게 하다니 역시 마방진은 좋은 유령 친구야.

"형, 여기에서 버그는 벌레를 뜻하는 게 아니에요. 컴퓨터나 스마트폰을 쓰다가 갑자기 멈추거나 이상하게 작동할 때가 있잖아요. 그런 걸 '버그'라고 해요. 컴퓨터 기기에 문제가 있을 때 생기기도 하고, 프로그램을 짤 때 코드를 잘못 짜서 생기기도 한다는데, 내가 버그면……

 암튼 그 귀여운 유령이 음침한 눈으로 나를 째려보면서 '아무튼 운 좋은 녀석, 너 때문에 신선한 에너지를 하나 더 끌어들이느라 늦었잖아. 설마 마지막 비상 탈출까지 성공하는 건 아니겠지?' 이러면서 사라졌어요."
 "신선한 에너지라고? 어디서 들어본 말 같은데……."
 마방진은 이마를 찌푸리며 한참을 생각했어. 요즘에 기억력이 엄청 떨어졌거든. 유령 스마트 패드를 너무 많이 봐서 디지털 치매에 걸렸나 봐. 한참 동안 골똘히 생각하던 마방진이 입을 열었어.

 "맞다, 비트령! 우리 천사 비트령도 비슷한 말을 했어. 안 되겠다. 코딩도 잘 못하는 내가 여기서 이럴 게 아니라 비트령에게 가서 정보를 좀 얻어 와야겠어. 천재야, 내가 유령 세계에 다녀올 동안 거기서 좀 기다려. 응?"

 "싫어요. 겨우 마방진 형을 만났는데 날 두고 가겠다고요? 안 돼요. 제발 꺼내 줘요. 이곳에 오래 있다가 영영 캐릭터가 되면 어떡해. 인간 세계로 못 돌아가면 어떡하냐고요."

 천재는 막 떼를 썼어. 마방진은 보기보다 마음이 약해서 천재가 떼를 쓰면 늘 들어줬거든. 하지만 이번에는 그러지 못했어. 천재를 구하려면 도움이 더 필요했거든.

 "천재야, 걱정 말라고 했지! 유령 세계에 가서 널 도울 코딩 전문 유령을 보내 줄게. 기다려, 울지 말고!"

 마음이 급한 마방진은 유령 스마트 패드를 들고 가면 천재를 모니터로 계속 볼 수 있다는 사실을 생각하지도 못한 채 울먹이는 천재를 남겨 두고 유령 세계로 허둥지둥 올라갔어. 마방진은 곧장 코딩 학교에서 어린이 유령들을 가르치는 킹 몬스터를 찾아갔어.
 "킹 몬스터, 김파래, 도와줘."
 킹 몬스터는 깜짝 놀랐어. 수업을 받던 어린이 유령들은 꺅! 꺅! 소리를 질렀지. 놀고 싶은 어린이 유령들은 수업을 방해하는 존재라면 유령, 좀비, 늑대 인간 가리지 않고 환영했거든. 킹 몬스터는 당황해서 마방진을 데리고 나갔어.
 "탐정 유령님, 왜 이러세요? 전 예전의 게임 중독자 킹 몬스터가 아니라 코딩 몬스터예요. 어린이 유령들을 코딩 전문가로 키우는 훌륭한 쌤이라고요. 어두운 과거를 반성하고 새 삶을 살고 있는데 자꾸 왜 이러세요?"
 킹 몬스터는 벌게진 얼굴로 마방진에게 속삭였어.
 "킹, 아니 코딩 몬스터. 나는 널 잡으러 온 게 아니라 네 도움을 받으러 왔어. 인간 세계로 내려가 우리 천재를 구해 줘."
 코딩 몬스터는 있지도 않은 심장이 덜컥 내려앉는

것 같았어. 코딩 몬스터는 예전에 천재를 게임 세상에 끌어들여 유령으로 만들 뻔했거든. 다행히 천재는 목숨을 구했지만 그 일로 코딩 몬스터는 천재에게 미안한 마음을 품고 있었지.

"인간 세계에 있는 라쿨라 게임 월드에서 〈유령 감옥 탈출〉 게임을 하다가 천재가 악당 프로그래머 유령인지 뭔지 하는 녀석한테 당했어. 지금 가상 세계의 게임에 갇혔는데 유령 엔트리로 코딩을 해서 구출해야 해. 네가 좀 도와줘."

"알았어요. 걱정 마세요."

코딩 몬스터는 천재를 구하러 당장 떠났어. 갑자기 코딩 선생님이 사라졌지만 어린이 유령들은 조금도 당황하지 않았어. 오히려 게임을 하느라 놀게 되었다며 더 신났지.

마음은 급했지만 코딩 몬스터는 당장 인간 세계로 내려가지 못했어. 유령 세계의 문지기 유령에게 붙들리고 말았거든.

"문지기 유령님, 문 좀 열어 주세요. 우리 천재가 위험에 빠졌어요."

코딩 몬스터는 문지기 유령의 손을 잡고 매달렸어.

"문지기 유령, 당장 문을 열게. 내 후손이 위험에 처했소.

당장 문을 열지 않으면 십만 병사 유령을 동원해 문을 부수겠소."

어디선가 날아온 장군 유령도 문지기 유령의 다른 손을 붙들고 말했어. 문지기 유령은 냉정하게 두 손을 뿌리쳤어.

"둘 다 번호표를 뽑고 기다리시오. 지금은 인간 세계에 유령이 내려갈 자리가 없소."

문지기 유령은 인간 세계로 내려가는 문을 철벽같이 막았어. 하는 수 없이 코딩 몬스터와 장군 유령은 인간 세계에 자리가 나기를 기다렸지.

　인간 세계에 머물 수 있는 유령의 수는 제한이 있어. 인간 대 유령의 비율을 1,000:1 이하로 유지해야 하거든. 산 사람이 천 명일 때 유령은 한 명이거나 한 명도 없어야 한다고. 안 그랬다가는 인간 세계에 유령들이 바글바글 많아질 거야. 많은 유령이 인간 세계를 그리워해서 틈만 나면 내려가려고 하거든.

　띵동! 드디어 문지기 유령의 컴퓨터에서 신호가 울렸어. 인간 세계에서 유령이 한 명 올라온 거야.

　"내 차례예요."

　"아니다, 나다."

　"내가 먼저 왔거든요!"

　"어허, 아니라니까. 어린 것이 정녕 화를 자초하는구나! 문지기 유령, 당장 문을 열어라."

　코딩 몬스터와 장군 유령은 큰 소리로 다퉜어. 장군 유령은 문지기 유령한테도 호통을 쳤어. 다행히 문지기 유령은 힘에 굴복하는 비겁한 유령이 아니었어.

　"장군 유령, 힘으로 밀어붙이는 건 유령법 위반이오. 두 분이 비슷하게 도착했기 때문에 정정당당하게 게임을 해서 이긴 쪽이 먼저 내려가기로 합시다. 두 선수는 게임판에 올라가시오."

문지기 유령은 게임판을 펼쳤어.

"여기 6장의 카드가 있습니다. 게임 방법은 먼저 카드를 놓고, 그대로 움직여서 상대방을 잡는 분이 이깁니다. 자, 누가 먼저 하겠소?"

| 오른쪽 방향으로 90° 돌기 | 왼쪽 방향으로 90° 돌기 | 직진 화살표 |

치사하게 장군 유령이 먼저 카드를 내려놓고 재빨리 움직였어.

실패!

십만 병사 유령을 호령하던 장군이지만 코딩 몬스터의 근처에도 못 갔어. 코딩 몬스터는 장군 유령 들으라는 듯 껄껄껄 웃으며 카드를 펼쳤어.

"이건 코딩 게임이에요. 이 코딩 몬스터의 전문 분야란 말씀!"

이런, 실패!

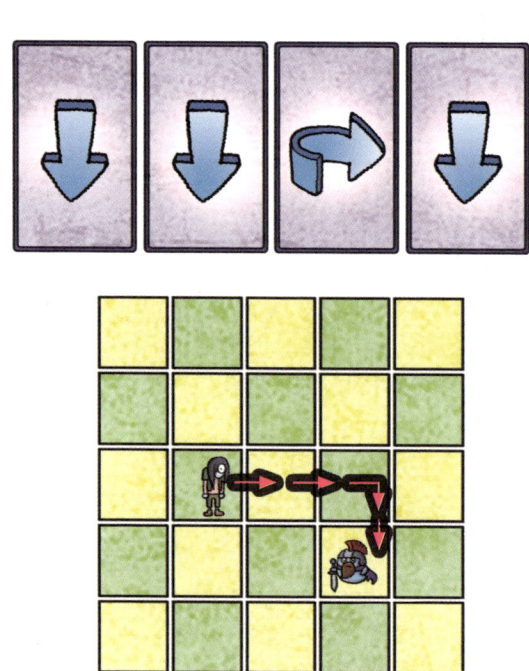

코딩 몬스터는 장군 유령을 단숨에 잡고 유령 세계의 문을 통과했어. 문 저편에서 장군 유령의 불평이 쩌렁쩌렁 울렸어.

"이건 불공평하다. 나는 천오백 년 전에 죽은 장군이다. 내게 맞는 경기로 다시 해야 한다. 활쏘기는

어떠냐? 말타기도 좋다. 창던지기도 환영이다."

　코딩 몬스터는 장군 유령의 불호령을 뒤로 한 채 휘리릭 인간 세계로 날아갔어. 마침내 라쿨라 게임 월드 앞에 도착한 순간, 코딩 몬스터는 충격적인 사실을 깨달았어. 코딩 몬스터는 문지기 유령과 실랑이하며 복잡하게 인간 세계로 내려올 필요가 없었어. 천재가 있는 곳은 가상 세계의 게임 속이니까 코딩 몬스터는 유령 세계에서든 인간 세계에서든, 심지어 어둠의 유령 세계에 있었더라도 유령 컴퓨터에 접속하기만 하면 천재를 도울 수 있었다고!

　"뭐, 그래도 잘 내려온 거야. 기왕 왔으니까 인간 세계 구경도 하고, 천재가 뻔질나게 드나들었다는 라쿨라 게임 월드도 구경하고 그러지 뭐. 설마 천재에게 이미 무슨 일이 벌어진 건 아니겠지?"

　코딩 몬스터는 불안한 마음을 애써 누르며 라쿨라 게임 월드 안으로 들어갔어. 그리고 4번 자리에 앉아 최신형 유령 노트북을 펼치고 천재가 갇혀 있다는 〈유령 감옥 탈출〉 게임을 열었지.

　"와! 파래 형! 형이 어떻게?"

　가상 세계에서 바짝 긴장하고 있던 천재가 반갑게 인사했어.

"너를 구하러 왔지. 근데 거기 어떻게 들어갔어? 부럽다. 나도 들어가고 싶어."

코딩 몬스터는 게임을 하다 죽어서 유령이 되었으면서 아직도 게임만 보면 없는 심장도 벌렁거리고 온몸이 떨렸어. 정말 좋아서!

미스터리 수학

컴퓨터는 왜 이진법을 쓸까?

우리는 0부터 9까지 열 개의 숫자를 사용해 수를 나타내는 십진법을 쓴다. 하지만 컴퓨터는 0과 1만 사용하는 이진법으로 정보를 처리한다. 컴퓨터는 전기 신호를 받아 연산하기 때문에 전기 신호를 켤 때와 끌 때 두 가지만 구분하면 된다. 이진법은 전기가 흐르면 1, 전기가 흐르지 않으면 0으로, 전기가 흐르면 참, 흐르지 않으면 거짓 등으로 표현할 수 있다.

만약 컴퓨터가 십진법으로 신호를 전달하려면 열 가지의 신호를 구분해야 한다. 또한 하나의 신호가 전달될 때 다른 신호들은 기다려야 한다. 복잡해서 오류가 생길 가능성이 크고 비효율적이다. 그래서 컴퓨터는 이진법을 사용한다. 이진법은 0, 1 다음에 한 자릿수가 올라가는 진법(수를 표기하는 기수법의 하나)이다. 십진법의 0, 1, 2, 3, 4, 5, 6, 7, 8, 9를 이진법으로 바꾸면 0, 1 다음에 한 자리가 올라가서 10, 11 다음에 또 한 자리가 올라가서 100, 101, 110, 111 다음에 또 한 자리가 올라가서 1000, 1001이 된다. 이진법은 17세기 독일의 수학자 라이프니츠가 알아냈다.

악당 프로그래머 유령의 비밀번호를 알아내라!

"아이들의 몸이 점점 사라지고 있어!"

마방진은 비트령의 컴퓨터로 〈유령 감옥 탈출〉 게임을 보고 깜짝 놀랐어. 유령 감옥에 갇힌 아이들의 몸이 흐릿해지고 있었거든. 가상 세계에서 인간이 흐려지는 건 영혼 에너지가 바닥났기 때문이야. 인간이 가상 세계에서 영혼 에너지가 바닥나면 진짜 유령이 되고 말아. 인간 세계의 말로 하자면……. 죽는 거야!

'아이들 이마에 붙은 전구도 흐려졌어. 도대체 무슨 일이지? 마치 누군가에게 영혼 에너지를 빼앗기는 것 같잖아.'

중얼거리던 마방진의 머리에 끔찍한 생각이 떠올랐어.

"영혼 에너지를 뺏는다고? 혹시 영혼 발전기? 그 기계는 없어졌잖아. 설계도까지 폐기했다고 들었는데?"

설마 하면서도 마방진은 비트령의 책상을 뒤졌어.

탐정 유령의 불길한 예감은 적중했어. 비트령의 책상 서랍 밑바닥에는 영원히 사라져야 할 영혼 발전기의 설계도가 숨겨져 있었어.

"세상에! 이걸로 아이들의 영혼을……? 아! 영혼을 빼앗기고 있는 아이들 이마에만 전구가 붙어 있던 거였어. 우리 천재 이마에도 전구가 붙었는데 큰일 났네."

영혼 발전기는 인간의 영혼을 모아 폭발적인 에너지를 만드는 특수한 기계야. 약 50년 전 한 발명가 유령이 불치병에 걸려 죽어 가고 있는 딸을 위해 만들었어. 살아 있는 아이들의 영혼 에너지를 모아 죽어 가는 자신의 딸에게 줘서 딸을 살리려고 말이야. 하지만 영혼 에너지를

빼앗긴 아이들은 결국 죽고 말지. 다행히 영혼 발전기는 단 한 번도 사용되지 않았어. 발명가 유령의 딸이 거부했거든.

"다른 사람의 소중한 생명을 훔칠 수는 없어요. 나도 유령이 되어 아빠가 있는 유령 세계로 가겠어요."

나중에 이 일을 알게 된 유령 세계 정부에서 영혼 발전기와 설계도를 싹 불태워 버렸어.

"비트령이 그 끔찍한 기계를 다시 만든 건 아니겠지? 설마 아니겠지. 아닐 거야."

마방진은 고개를 절레절레 흔들면서 유령 감옥을 크게

확대해 보았어. 그런데 감옥 한구석에 그림으로만 보았던 영혼 발전기가 놓여 있는 거야. 아이들의 이마에 붙은 전구를 통해 영혼 에너지를 빨아들이고 있었지.

"세상에! 비트령이 정말 아이들의 영혼을 훔친 거야? 나쁜 악당 프로그래머 유령이 비트령이었다고? 게임으로 아이들을 홀려 가상 세계로 끌어들이고, 아이들의 영혼을 빼앗았다고? 왜?"

마방진은 도저히 이해할 수 없었어.

천사 같은 비트령이 왜 이런 끔찍한 일을 저질렀을까? 아니, 비트령이 정말 천사 같기는 했을까? 두 얼굴을 하고서 마방진과 다른 수많은 유령을 감쪽같이 속인 건 아닐까? 그런데 왜?

"뭐든 상관없어. 우리 천재까지 당하게 할 수는 없지. 빨리 구해야 해."

마방진은 비트령의 책상을 뒤져 메모지 몇 개를 챙긴 뒤 인간 세계로 내려가려 했어. 하지만 유령 세계의 문 앞에서 문지기 유령에게 잡혀 옴짝달싹도 못 했지.

"급해요, 급해. 내 인간 절친 안천재가 위험에 빠졌다고요."

"또 안천재야? 아까도 안천재를 구하겠다며 웬 유령이

한참을 기다린 끝에 마방진은 인간 세계로 돌아왔어. 라쿨라 게임 월드에서 코딩 몬스터 혼자 유령 노트북을 붙잡고 끙끙대고 있었지.

"천재야, 괜찮지?"

다행히 천재는 무사했어. 불행히도 아직 가상 세계에 갇혀 있었지만 말이야.

마방진은 비트령의 작업실에서 가져온 메모지들을 꺼냈어.

'비트령의 책상에서 찾은 코딩 계획 메모……. 여기에 힌트가 있을 거야.'

마방진은 메모지를 하나씩 꼼꼼하게 살펴봤어.

'유령컴 싸게 사는 법, 유령넷 공짜로 하는 법, 동안 피부 관리법, 인간 어린이 꾀는 법, 가상 세계에 침투하는 법……. 오! 여기 있다. 마지막 비상 탈출! 인간 세계로 나가는 문.'

> 마지막 비상탈출!
> 인간 세계로 나가는 문:
> 금바다야, 인간 세계에서 너와 함께 했던 마지막 해를 기억한다.

 마방진은 메모에 숨은 뜻을 생각하느라 이마를 찌푸렸어. 천재도 배꼽이 간지러워서 온몸을 찌푸리고 싶었어.
 "파래 형, 나 배꼽이 간지러워서 미치겠어요."
 "어, 그럼 어쩌지? 이렇게 하면 되나?"
 코딩 몬스터는 마우스로 커서를 움직여 천재의 배를 클릭 클릭했어. 그랬더니 갑자기 장면이 바뀌고 천재의 모습도 바뀌었어. 손에 커다란 자물쇠를 들고 나타났지.
 "천재를 클릭하면 장면이 바뀌도록 코딩했구나. 이 자물쇠는 뭐지?"
 코딩 몬스터는 자물쇠를 클릭해 보았어.

　그러자 화면 위에 '비상 탈출 : 인간 세계로 나가려면 비밀번호를 대라!'라는 말풍선이 떴어.
　"비밀번호? 그걸 내가 어떻게 알아?"
　코딩 몬스터는 인상을 찌푸리며 고개를 절레절레 흔들었어. 하지만 마방진은 미소를 지으며 조금 전 보았던 메모지를 흔들었지.
　"이게 바로 힌트네. '인간 세계로 나가는 문 : 금바다야, 인간 세계에서 너와 함께했던 마지막 해를 기억한다.' 비트령은 1990년에 죽었어. 그러니까 인간 세계에서 살았던 마지막 해는 바로 1990년이야. 비밀번호는 1990일 거야."
　"비트령이 죽은 해와 비밀번호랑 무슨 관련이 있어요?"
　코딩 몬스터는 의아했어.
　"유령 세계 최고의 명탐정인 나의 추리는 정확해! 일단 날 믿고 비밀번호 1990을 입력해 봐."
　"알았어요."
　코딩 몬스터는 조심스럽게 비밀번호 1990을 입력했어. 천재는 정말로 인간 세계로 돌아올까?

> 변수는 변하는 수나 문자를 저장하는 공간이다. 〈속성〉에서 '변수-변수 추가'를 클릭한 뒤 '비밀번호'라고 변수 이름을 입력한다.

```
오브젝트를 클릭했을 때
대답 숨기기▼  ?
변수 비밀번호▼ 숨기기  ?
비밀번호▼ 를 1990 (으)로 정하기  ?
비상 탈출:인간 세계로 나가려면 비밀번호를 대라! 을(를) 묻고 대답 기다리기  ?
만일  대답 = 1990 (이)라면
    다음▼ 모양으로 바꾸기
    맞았다! 을(를) 2 초 동안 말하기▼
    인간 세계로 보내 주마! 을(를) 4 초 동안 말하기▼
    x: 240  y: 150 위치로 이동하기
아니면
    틀렸다 을(를) 2 초 동안 말하기▼
    기회는 한 번뿐, 영원히 여기 머물러라 을(를) 4 초 동안 말하기▼
```

> 〈흐름〉, 〈판단〉, 〈자료〉 카테고리 블록 꾸러미를 이용해 조립한다.

> 휴~ 비밀번호가 틀렸으면 큰일 날 뻔했네.

114

금바다의 정체를 밝혀라!

"와! 발이 땅에 닿는 느낌이 이렇게 좋은지 몰랐어."

인간 세계로 돌아온 천재는 신이 나서 펄쩍펄쩍 뛰어다녔어. 기분이 끝내줬지. 그리고 나니 자신을 위험에 빠뜨린 범인이 더 밉지 뭐야.

"마방진 형! 범인은 알아냈어요? 누구예요? 내가 가만 안 둘 거야."

마방진의 얼굴이 어두워졌어. 설마 천재와 마방진, 코딩 몬스터가 힘을 합쳐도 어려운 상대일까? 무서운 어둠의 유령 같은?

"마방진 탐정 유령님, 혹시 악당 프로그래머 유령이 비, 비트……."

코딩 몬스터는 말을 잇지 못했어. 마방진은 한숨을 푹푹 쉬었지.

"맞아, 범인은 비트령 같아."

"꺅! 정말요?"

코딩 몬스터는 믿을 수가 없었어. 비트령이라면 유령 세계의 최연소 천재 프로그래머이자 천사표 유령 뽑기 대회에서 일등을 한 착한 유령이거든.

"비트령이, 천사표 비트령이 왜 그랬대요?"

"정확한 건 모르지만 문지기 유령을 통하지 않고 자유롭게 인간 세계를 오가려고 그런 것 같아. 가상 세계는 유령 세계와 인간 세계에 모두 이어져 있으니까 가상 세계를 통해 인간 세계에서 유령 세계로 뭔가를 가져오려고 했나 봐. 인간 세계와 유령 세계를 통행권 없이 통과하려면

엄청난 에너지가 필요하니까 그 에너지를 마련하기 위해 인간 어린이들의 영혼을 훔쳤고…….”

마방진의 설명이 끝나기도 전에 천재는 소리를 꽥 질렀어.

“에너지? 내 영혼으로 에너지를 만들려고? 나를 휘발유나 가스, 전기 같은 걸로 쓰려고?”

코딩 몬스터도 끔찍한 비명을 질렀어.

"꺅! 꺅! 비트령은 진짜 천재다. 어떻게 그런 생각을 했지? 역시 뛰어난 프로그래머야. 난 비트령 실력을 쫓아가려면 아직 멀었나 봐."

코딩 몬스터의 비명은 천재와 달리 존경과 감탄을 담은 것이었어. 덕분에 코딩 몬스터는 분노로 불타는 천재의 576,110볼트의 눈초리와 비난으로 휩싸인 마방진의 423,890볼트의 눈초리를 감당해야 했어. 둘이 합쳐 100만 볼트의 강한 에너지로 쏘아보는 통에 코딩 몬스터는 가슴에 구멍이 뻥 뚫릴 뻔했어.

"천재야, 코딩 몬스터, 혹시 너희 '금바다'가 뭔 줄 아니? 비트령은 '금바다'에 집착했어. 인간 세계에서 금바다를 찾는다고 했거든. 어디에 있는 바다인지 일단 검색해 보자."

마방진이 유령 세계 최고의 검색 엔진 '골골닷컴'을 열면서 물었어. 사전이나 뒤적이던 구식 탐정 유령은 잊어 줘. 마방진은 이제 최첨단 기술도 낯설지 않은 신식 탐정 유령이 되었어.

"분명히 보물 얘기일 거예요. 비트령은 옷도 비싼 것만 입고, 컴퓨터 장비도 비싼 것만 산 걸 보면 보물을 좋아할

것 같아요."

코딩 몬스터는 저보다 뛰어난 프로그래머인 비트령을 틈틈이 질투하며 금바다의 정체를 추리했어. 천재만 아무 말도 하지 않았지. 얼굴이 새하얗게 질린 채 덜덜 떨기만 했어. 마방진은 천재가 걱정이 되었어.

"천재야, 어디 아파?"

천재는 고개를 세차게 저으며 뜬금없는 질문을 했어.

"마방진 형, '쇠 금(金)' 한자를 '성씨 김'이라고도 하죠?"

"응."

"호, 혹시 비트령은 언제 죽었어요? 살아 있다면 지금 몇 살이죠?"

마방진은 비트령의 파일을 열었어.

"1990년, 15세에 유령이 되었어. 죽은 지 30년 되었네."

"그럼, 살아 있다면 지금 나이가 45세겠네요. 비트령이 살아 있을 때 이름은 뭐였죠? 어디 살았죠?"

"이름은 노영재. 별명은 방구석 왕자. 집 밖에 잘 나가지

앉고 방 안에서만 지낸다고 그렇게 불렀나 봐. 흠, 살던 곳은 제주도네. 금바다가 혹시 제주도에 있는 바다인가? 제주도에 황금이 나오는 바다가 있다는 소문은 못 들어 봤는데, 황금색 물고기가 사는 바다라도 있는 건가……."

마방진의 말을 듣는 동안 천재는 얼굴이 점점 빨개지더니 마침내 울음을 터트렸어.

"엉엉, 어떡해! 나, 금바다가 뭔지 알 것 같아요."

마방진도 코딩 몬스터도 깜짝 놀랐어.

"뭔데?"

"우리 엄마예요. 우리 엄마 이름이 김바다인데 엄마는 자기를 '금바다'라고 불러요. 어릴 적에 제주도에 살았고, 현재 나이는 45세. 옛날에 무슨 일이 있었는지 모르겠지만 비트령은 우리 엄마를 노리는 게 분명해요. 우리 엄마를 잡으러 내려온 거야. 어떡해. 마방진 형, 파래 형, 우리 엄마가 위험해요. 엄마를 구하러 가야 해요."

당장 뛰쳐나가려는 천재를 마방진과 코딩 몬스터가 황급히 붙들었어.

"천재야, 잠깐만. 금바다가 네 엄마가 아닐 수도 있잖아. 진짜 황금이 묻혀 있는 바다라든가……."

"맞아, 금바다라는 가게나 물건이 있을 수도 있잖아."

천재는 고개를 절레절레 저었어.

"아니야. 우리 엄마 맞아요. 우리 엄마 성격이 얼마나 나쁜 줄 알아요? 다른 사람한테 원한 사기 딱 좋은 성격이라고요. 비트령도 틀림없이 우리 엄마한테 상처를 받아서 복수하려고 찾으려고 한 걸 거예요. 나나 되니까 우리 엄마를 사랑하지, 이렇게 못된 엄마를 누가 좋아해! 그래도 나는 우리 엄마를 지킬 거야."

천재는 울부짖으며 라쿨라 게임 월드를 뛰쳐나갔어.

"엄마, 엄마."

천재는 현관문을 벌컥 열고 엄마를 불렀어.

천재 엄마는 집에 없었어. 설마 비트령이 벌써 금바다 엄마를 납치한 건 아니겠지? 가뜩이나 심란한 천재를 보고 흰둥이가 미친 듯이 짖었어. 개는 유령을 볼 수 있다더니 천재를 따라온 마방진과 코딩 몬스터를 보고 짖는 것 같았어. 천재는 흥분한 흰둥이의 머리를 쓰다듬어 주고 밖으로 나왔어.

"천재야, 네 엄마가 있을 만한 곳을 추리해 보자. 보통 이 시간에 뭘 하시니?"

 마방진의 질문에 천재는 고개를 절레절레 저었어.
 "엄마가 좋아하는 건 뭔데?"
 코딩 몬스터의 물음에도 천재는 고개를 저었어. 이제 생각해 보니 천재는 엄마에 대해 아는 것이 없었어. 커피를 좋아한다는 것 정도……?
 "엄마는 커피를 좋아하니까 카페에 있을지도 몰라요."
 천재는 엄마가 가끔 들르는 카페로 달려갔어. 다행히 천재의 직감은 맞았어! 카페에 앉아 있는 찰랑찰랑 노랑머리에 긴 원피스를 입은 여자는 틀림없이 천재의 엄마 같았어. 천재는 엄마를 향해 달려갔어. 왈칵 눈물이 쏟아졌어. 눈앞이 뿌예서 앞이 잘 보이지 않았지.
 "엄마, 엄마, 엄마."
 "아들? 우리 아들?"
 평소에는 결코 들을 수 없는 상냥하고 그윽한 목소리. 천재는 주먹으로 눈물을 훔치고 엄마를 똑바로 보았어.
 "엄마."
 "흐흐흐, 천재야, 가짜 천재 안천재야. 내가 네 엄마로 보이냐?"
 노랑머리 아줌마는 천재 엄마가 아니라 뒷모습만 닮은 끔찍한 유령이었어.

"꺅!"

천재는 소리를 꽥꽥 지르며 달아나려 했어. 하지만 노랑머리 유령이 가로막는 바람에 꼼짝 못 했어.

"금바다 아들~ 놀랐니? 미안해. 대신 엄마를 찾게 도와줄게. 금바다는 귀신산로에 있어."

귀신산로는 학교와 병원을 사이에 둔 큰길이야. 도서관에서 학교를 지나 귀신산까지 이어져 있지. 천재는 귀신산로로 향했어. 길을 건너려는데 신호등이 막 빨간불로 바뀌었어. 천재는 멈춰 섰는데 옆에 있던 할아버지가

무작정 도로로 뛰어드는 거야! 천재는 큰 소리로 할아버지를 불렀어.

"할아버지, 빨간불에 건너면 어떡해요!"

"어떡하다니?"

할아버지가 뒤를 돌아보며 태연하게 웃었어. 천재는 기가 막혔어. 어떤 어른들은 아이들보다 더 규칙을 안 지킨다니까!

"그러다 교통사고라도 나면 그날로 꽥! 유령이 된다고요."

할아버지는 히죽 웃으면 말했지.

"괜찮다. 난 벌써 유령이 되었거든. 또 죽을 염려가 없으니 얼마나 좋냐!"

"으아악. 도대체 내 눈엔 왜 유령만 보이는 거야? 난 유령 세계에 사는 인간 어린이야, 인간 세계에 사는 유령 어린이야?"

빽빽 소리를 지르는 천재를 할아버지 유령이 다정하게 불렀어.

"아가, 엄마 찾으러 다니고 있지?"
"네."
"저기 귀신산로에 너희 엄마가 있어. 어떤 건물의 3층 이상 5층 미만에 있단다."

이상은 같거나 더 큰 수, 미만은 더 작은 수를 말해. 3층 이상 5층 미만이라면 3층과 4층이라는 뜻이야. 귀신산로에 있는 3층 건물은 학교이고, 4층 건물은 병원과 수학 빌딩이야. 그 중 어느 건물에 천재의 엄마가 있을까?

천재는 3층과 4층 건물 앞을 찬찬히 걸었어. 그러다 수학 빌딩 앞에서 분홍 자전거를 발견했지.

"엄마 자전거다. 우리 엄마는 이 건물의 4층에 있어요."

천재는 수학 빌딩 안으로 잽싸게 뛰어 들어갔어.

"천재는 엄마가 수학 빌딩 4층에 있는 걸 어떻게 알았을까요?"

코딩 몬스터의 물음에 마방진은 어깨를 으쓱하며 말했어.

"천재가 추리를 한 거야. 귀신산로, 3층 아니면 4층 건물, 엄마의 자전거. 이 단서들을 바탕으로 엄마가 수학 빌딩에 있다는 걸 알아낸 거지. 수학 빌딩의 1층에는 지한이 아빠의 약국이 있고, 4층에는 지한이 네가 살고 있어. 천재 엄마는 지한이 엄마랑 친하니까 천재 엄마는 4층인 지한이

집에 있을 거라고 추리한 거지."
　천재는 지한이네 집 문을 벌컥 열었어.
"엄마! 내 엄마, 금바다 씨!"
　천재의 추리는 맞았을까?

10
정다각형 그리기 코딩 대결

　천재는 비트령을 지한이의 방에 몰아넣었어. 지한이는 허공에 격렬한 손짓을 하는 천재를 보고 깜짝 놀랐어.
　"천재야, 뭐 하는 거야?"
　"인간 어린이, 왜? 나한테 무슨 볼일 있어?"
　비트령도 동시에 물었지. 천재는 매서운 눈으로 비트령을 쏘아보았어.
　"네가 15세라고 형이라고 부를 줄 알아?"
　지한이는 눈이 휘둥그레졌어.
　"천재야, 왜 그래? 나 15세 아니야. 너랑 동갑이잖아."
　유령을 못 보는 지한이는 천재가 이상해진 줄 알았어.

천재는 지한이에게 비트령 이야기를 해야 하나 고민했어. 지한이도 예전에 유령 사건에 휘말린 적이 있었어. 천재를 구하러 유령 세계에 간 적도 있었지. 그때마다 지한이는 천재적인 머리로 유령 사건을 해결하고 무사히 인간 세계로 돌아왔어.

하지만 지금 지한이는 유령 사건을 기억하지 못 해. 인간 세계로 돌아오자마자 마방진이 유령 기억을 싹 지워 버렸거든. 그래야 인간 세상에서 안전하게 지낼 수 있으니까. 천재도 지한이를 지켜 주고 싶었어.

'이번에는 지한이를 끌어들이지 말자. 마방진 형, 도와줘요.'

천재의 신호에 따라 마방진은 지한이의 정수리를 톡 건드려 잠을 재웠어. 천재는 마음 놓고 비트령에게 소리쳤어.

"감히 금바다를 유령 세계로 데려간다고? 내가 가만히 있을 줄 알아?"

비트령은 콧방귀를 뀌었지.

"흥! 네가 뭘 상관이야? 금바다는 원래 내 건데."

"네 거? 유령이 어떻게 생명체를 가질 수 있니? 그건 유령법에도 어긋날걸!"

 마방진이 냉큼 대답했어.

 "당연하지. 유령법 제4조 13항에 보면 유령은 어떠한 생명체도 소유하거나 빌리거나……."

 "흥! 흥! 금바다는 유령이 되기 전부터 내 거였어. 그리고 난 유령법 같은 거 안 지키니까 상관없어."

 비트령은 콧물이 튀어나오도록 콧방귀를 뀌었어. 천재는 약이 올라 참을 수 없었지. 게다가 눈치 없는 코딩 몬스터는 비트령에게 감탄하는 거 있지!

 "캬, 카리스마! 비트령 님은 몸은 작지만 에너지는 폭발적이네요."

 코딩 몬스터는 천재와 마방진의 불타는 눈빛 공격을 받고 겨우 조용해졌어.

 "난 당장 금바다를 데리고 유령 세계로 갈 거야. 날 막을 유령은 없어. 사람은 말할 것도 없지."

 "가상 세계를 통과해 가는 거예요?"

 코딩 몬스터의 물음에 비트령은 어깨를 으쓱했어.

 "당연한 거 아니야? 안 그러면 그런 위험한 짓을 왜 벌였겠니? 참, 천재 넌 가상 세계에 있지 않았니? 설마 비상 탈출을 전부 성공한 거야? 필요하면 내가 이용하려고 만든 비상 탈출로인데 너무 쉽게 만들었나 보군. 다시는

아무도 못 나오게 코딩을 해야겠어."

비트령은 고개를 절레절레 흔들며 훌쩍 날아올랐어. 천재는 비트령을 붙잡으려고 허우적댔어.

"안 돼. 어딜 가려고? 가려면 혼자 가. 우리 금바다는 절대 못 데려가."

"흥! 꼭 데려갈 거야. 우리는 유령 세계에서 살 거야."

비트령과 천재의 눈에서 파팍 불꽃이 튀었어.

왈칵! 갑자기 천재의 눈에서 눈물이 쏟아졌어. 천재는 두 손을 모아 싹싹 빌기 시작했어.

"비트령, 데려가지 마. 응? 혹시 울 엄마가 네 첫사랑이었어? 하지만 그때랑 많이 달라졌어. 지금은 완전 잔소리쟁이 다혈질 아줌마라고. 너처럼 귀여운 유령과는 절대 안 어울려. 그러니까 포기하고 그냥 여기 있게 해 줘."

 비트령은 천재의 구구절절한 하소연을 말똥말똥 들었어. 그러고는 인정머리 없게 말했지.

 "우~ 넌 어떻게 그런 엄마랑 사니? 안됐다. 그런데 내가 왜 네 엄마를 유령 세계로 데려가니?"

 천재는 어리둥절했어.

 "엥? 우리 엄마가 금바다잖아. 성은 금, 이름은 바다. 금바다."

 "엥? 내 금바다는 앤데."

비트령은 지한이가 애지중지하는 거북을 가리켰어.

"엥? 얘는 푸름이야. 지한이의 거북. 돌아가신 아빠가 키우던 거라 엄청 애지중지한다고."

"뭐, 푸름이? 감히 내 거북을 데려간 것으로도 모자라 이름까지 바꿨어? 금바다가 왜 푸름이야, 금바다는 금바다야."

비트령은 지한이를 거북 도둑으로 몰아세우며 날뛰었어. 천재는 잠시 눈을 끔벅이다가 곧 웃음을 터트렸어.

"울 엄마가 비트령이 찾는 금바다가 아니라는 거지? 우헤헤헤. 내 엄마는 안전해."

천재는 눈물, 콧물을 흘리고 침까지 튀기며 미친 듯이 웃었어. 마방진은 이 어이없는 사태를 지켜보다 말했어.

"비트령, 겨우 거북을 유령 세계로 데려가려고 아이들을 가상 세계로 끌어들였냐? 이 이기적인 유령아!"

"겨우 거북? 천만에. 금바다는 내 유일한 가족이자 친구야. 내겐 금바다뿐이야!"

코딩 몬스터는 비트령의 쓸쓸한 사연에 가슴이 뭉클해졌어. 오죽했으면 그럴까 공감할 뻔했지. 하지만 천재는 비트령의 말이 틀렸다는 사실을 알아챘어.

"아니야, 비트령. 금바다 말고도 너를 소중히 여기던

친구가 있었잖아."

"누구? 어디?"

비트령은 꽥꽥 소리를 질렀어. 천재는 조용히 말했지.

"지한이 아빠 진수재 씨! 진수재 씨는 네가 죽자 네가 아끼는 거북을 이렇게 잘 키우고 아들에게 물려줬어. 너를 소중히 생각했기에 이 거북을 소중히 생각했어."

"그, 그건 수재는 그랬지만……. 몰라, 어쨌든 난 금바다를 데려갈 거야. 금바다는 내 거야, 내 거. 세상에 단 하나뿐인 내 거!"

비트령은 엄청난 힘으로 수족관에서 평화롭게 낮잠을 자는 지한이의 거북을 훌쩍 들어 올렸어. 거북은 놀라서

벌벌 떨며 버둥거렸어. 비트령은 거북을 꼭 안고 찰칵 셀카를 찍으려고 했어. 비트령의 카메라에 찍히면 가상 세계로 넘어가고 말 거야. 마방진은 다급하게 외쳤어.

"비트령, 설마 도망가는 거야? 정정당당하게 겨루면 금바다를 뺏길까 봐 그러지?"

"흥! 뭘 해도 난 이겨. 그리고 금바다는 이미 내 손에 있는데 너랑 뭐하러 겨루냐?"

"맞아, 질 것 같으니 안 하겠지."

천재가 맞장구를 쳤어. 비트령은 점점 얼굴이 달아올랐어.

"이길 거거든. 뭘 해도 내가 이겨. 이긴다고."

지기 싫어하는 비트령이 마방진의 꾐에 빠진 거야. 비트령이 천사표 유령으로 소문난 것도 사실은 지면 못 사는 성격 때문이었어. 천사표 유령 뽑기 대회에 나가는 바람에, 일등을 하기 위해 상냥하고 친절하고 착한 유령 행세를 한 거지.

"좋아. 정정당당하게 겨뤄 보자. 게임은 당연히 코딩으로. 종목은 정다각형 그리기, 난 정사각형."

비트령은 비겁하게 자기가 제일 잘하는 코딩을 내세웠어. 자신의 유령 스마트 패드로 유령 엔트리를 열더니 톡톡,

톡톡 금세 정사각형을 그렸어.

"우리는 정오각형."

마방진이 외쳤어. 코딩 몬스터는 얼른 정오각형 그리기 코딩을 시작했어.

"그런데 이동 방향을 몇 도만큼 회전해야 하지?"

"정사각형은 내각이 90도니까 이동 방향을 90도만큼 회전하면

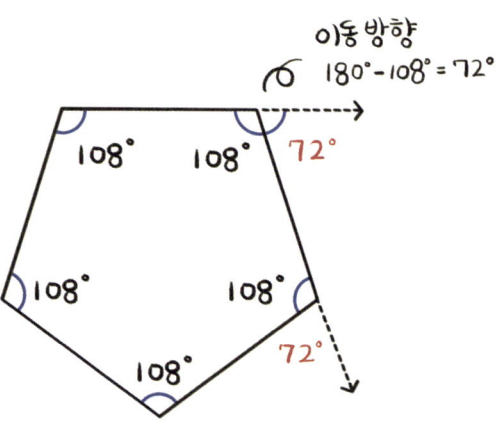

돼. 하지만 정오각형의 내각은 108도니까 이동 방향을 72도만큼 회전해야 해."

역시 수학 천재 마방진이 뚝딱 계산해 주었어.

비트령과 마방진 팀 모두 성공!

"흥! 이번에는 너희가 먼저 해. 정육각형 그리기."

코딩 몬스터는 재빨리 정육각형을 그렸어.

"정육각형의 내각은 120도니까……."

이게 뭐야? 시작하기 버튼을 누르자 정삼각형이 나타난 거 있지. 코딩을 잘못한 거야.

"내 차례지?"

비트령은 정육각형 그리기 코딩을 완벽하게 완성했어.

"핫핫핫. 나랑 상대가 안 된다고 했지?"

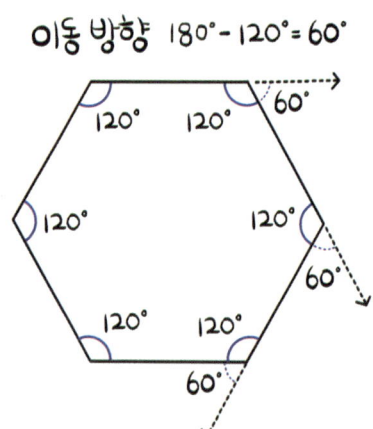

비트령은 천재와 마방진, 코딩 몬스터를 비웃으며 셀카를 찍었어. 순간 지한이의 거북과 함께 가상 세계로 넘어가 버렸지.

그제야 코딩 몬스터는 무엇을 잘못했는지 찾아냈어. 3번 반복하기를 6번

반복하기로 해야 했어. 그리고 정육각형의 내각은 120도야. 이동 방향을 60도만큼 회전해야 하는데, 마음이 급해서 120도라고 코딩한 거야.

"아아, 미안해. 내 잘못이야. 어쩌면 좋아."

코딩 몬스터는 엉엉 울고, 마방진은 안타깝고 분해서 몸을 바르르 떨었어. 하지만 천재는 중요한 생각에 빠져서 조용히 서 있었어.

11

유령 기억을 잃어버린 천재

   비트령이 사라진 다음 날, 천재에게 이상한 일이 일어났어. 마방진이 유령 기억을 없앤 것도 아닌데 천재가 유령 보는 능력을 잃어버렸어. 천재는 세상에 유령 같은 건 없다고 믿는 아이가 되었어. 마방진이 천재의 눈앞에서 팔랑팔랑 요란하게 움직이고 소리도 질렀지만 소용이 없었어.
   "천재, 천재, 안천재. 우리 천재, 안천재. 이래도 내가 안 보여?"
   마방진은 침을 찐득하게 묻혀서 볼에도 쪽, 이마에도 쪽, 심지어 천재가 질색하는 입술에까지 뽀뽀를 했는데 소용이

없었어. 천재는 유령을 못 느끼는 듯 눈도 깜빡 안 했어. 마방진은 털썩 주저앉았어.

"어떻게 된 거지? 유령 기억을 없애지도 않았는데 왜 유령을 못 봐? 두 눈을 멀쩡히 뜨고 왜 네 친구 수학 탐정 유령을 못 알아봐? 똑똑하고 잘생긴 최고의 유령 절친을 왜 몰라봐? 응? 응?"

 마방진은 있지도 않은 머리카락을 쥐어뜯으며 울부짖었어. 코딩 몬스터는 마방진을 위로했지.

 "탐정 유령님, 너무 슬퍼 말아요. 유령과 인간의 인연이 영원할 순 없잖아요."

 마방진은 실의에 빠진 유령을 위로한 죄밖에 없는 코딩 몬스터를 매섭게 노려봤어.

 "앞으로 날 탐정 유령이라고 부르지도 마. 이제 탐정 노릇도 끝이야. 범인은 놓치고, 범인이 납치한 인간 어린이들은 유령이 되게 생겼고, 도와줄 인간 친구마저 잃어버린 나를 누가 탐정으로 쓰겠어! 난 이제 백수야."

 엉엉 울던 마방진은 갑자기 코딩 몬스터의 팔을 잡았어.

"이제 날 도와줄 사람, 아니 유령은 너뿐이야."

"왜, 왜요? 난 코딩 말고는 할 줄 아는 게 하나도 없다고요."

코딩 몬스터는 쭈뼛쭈뼛 물러났지만 마방진이 누구야? 도움을 받을 수 있는 상대라면 유령이든 사람이든 뱀파이어든 가리지 않고 물귀신처럼 잡고 늘어지는 유령 세계 최고의 명탐정이지.

"그래, 코딩. 내 탐정 면허를 유지할 유일한 방법은 인간 어린이들을 구하는 거야. 그러려면 코딩 전문가가 꼭 필요하거든."

"탐정 유령님도 코딩 잘하면서……. 코딩이란 게 아주 쉬워서 한번 배우면 고릴라도 할 수 있다고요."

"물론 고릴라는 할 수 있겠지. 하지만 일제 강점기(일본에 나라를 빼앗긴 1910년부터 해방된 1945년까지 35년간의 시대)에 죽은 구식 유령인 나는 못해! 코딩 몬스터, 넌 무슨 수를 써서라도 아이들을 구해 줘. 나는 유령 세계로 가서 비트령을 잡을 테니까. 천재가 없어도 우린 이 사건을 마무리해야 해."

마방진의 비장한 표정을 보고 코딩 몬스터는 순순히 유령 노트북을 켰어. 그 순간 마방진은 천재를 힐끔 쳐다보았어.

천재가 자신을 보고 있는 것 같았거든. 하지만 천재는 엄마를 부르며 뛰어나갔어. 마방진의 착각이었던 거지.

"아이고, 이제 천하의 명탐정 유령 눈에 헛것이 다 보이네!"

그날 저녁 천재는 엄마 대신 설거지를 했어. 영어를 빵점 맞은 것도 아니고, 옷을 잃어버린 것도 아닌데 말이야. 천재 엄마는 생전 안 하던 일을 하는 아들의 뒷모습을 수상한 듯 바라보았어.

"천재야. 무슨 일 있니? 지한이랑 싸웠어? 누가 너 괴롭혀? 혹시 머리 아프니?"

천재는 제 마음을 몰라주는 엄마가 섭섭했지만 그냥 씩 웃었어.

"엄마, 제가 청소도 도와 드릴까요?"

"됐어. 들어가서 공부해."

엄마가 손사래를 치자 이번에는 동생 미소에게 물었어.

"오빠가 놀아 줄까? 뭐 하고 싶어?"

"갑자기 왜? 오빤 나한테 관심 없잖아."

미소가 의심스러운 눈길을 보냈어.

"아니야, 동생한테 관심 없는 오빠가 어딨냐?"

"좋아! 그럼 인형 놀이하자. 오빠가 내 인형의 이름을 다 맞힌다면 말이야!"

미소는 짓궂은 미소를 지으며 이상하게 생긴 인형 세 개를 내려놓았어. 천재는 당황한 눈치를 애써 숨기며 말했어.

"히, 힌트는 없어?"

"좋아. 힌트 줄게. 내 인형의 이름은 크르릉, 핑크, 디노야. 핑크는 핑크가 아니야. 디노는 공룡이 아니야. 핑크는 디노보다 커."

천재는 미소의 힌트를 듣고 인형들의 이름을 재빨리 추리해 보았어.

1. 핑크는 핑크가 아니야.
-> 핑크색 펭귄은 '핑크'가 아니다.
그러므로 펭귄은 '디노' 아니면 '크르릉'이다.

2. 디노는 공룡이 아니야.
-> 공룡은 '디노'가 아니다.
그러므로 공룡은 '핑크' 아니면 '크르릉'이다.

3. 핑크는 디노보다 커.
-> 인형의 크기는 공룡 〈 펭귄 〈 코끼리 순서이다.

> 만약 공룡이 '핑크'라면, '디노'보다 작으므로 거짓이다.
> 그러므로 공룡은 '크르릉', 펭귄은 '디노', 코끼리는 '핑크'이다.

천재는 자신 있게 말했어.

"공룡은 크르릉, 펭귄은 디노, 코끼리는 핑크. 근데 너 진짜 이상하다. 이름을 왜 이렇게 헷갈리게 지었냐?"

"뭐? 오빠랑 안 놀아. 내 인형들 상처 받았어."

미소는 삐쳐서 방에 들어가 버렸어. 어휴, 천재는 한숨을 쉬면서 아빠에게 다가갔어. 아빠랑 놀아 본 게 언제였는지 기억도 잘 안 났어.

"아빠는 저랑 뭐 하고 싶은 거 없어요? 우리 같이 뭐 할까요?"

아빠가 대답도 하기 전에 엄마가 말했어.

"얘는, 들어가서 공부하라니까. 매일 보는 가족한테 시간 낭비하지 말고."

순간 천재의 가슴 속에서 작은 불덩이가 솟아올랐어. 가족이 얼마나 소중한데 시간 낭비라니! 가상 세계의 게임

속에 들어가 있는 동안 천재는 가족 생각만 했어.

'아! 지한이랑 흰둥이 생각도 좀 했지. 새로 산 자전거가 아깝다는 생각도 살짝 하고, 삼촌이 엄마 몰래 물려주기로 한 스마트 패드 생각도 좀 했구나.'

아무튼 가족을 제일 많이 생각한 것 같은데 엄마는 천재의 마음을 너무 몰라줬어.

"엄마는 아무것도 몰라요. 공부보다 가족과 함께하는 시간이 몇 배 더 중요하다고요."

"그거야 책에나 나오는 말이고! 공부 안 할 거야?"

천재는 하는 수 없이 방에 들어갔어. 묵묵히 공부를 하고 침대에 누웠어. 마방진은 유령 세계로 떠나기 전에 어떻게 해서든지 천재의 유령 기억을 되살리고 싶어서 발길이 떨어지지 않았어. 침대에서 뒹굴던 마방진은 몸을 벽으로 붙여 천재가 누울

자리를 마련해 줬어. 인간과 유령은 겹쳐져도 상관없지만 그래도 마방진은 천재와 따로 누웠어. 천재는 한참을 뒤척이다 잠이 들었어. 마방진은 낮고 고른 천재의 숨소리를 들으며 천재의 곱슬머리를 살살 쓰다듬어 주었어. 코딩으로 유령 감옥에 갇힌 아이들을 구해 영웅이 되겠다던 코딩 몬스터도 책상 위에 엎드려 잠이 들었어.

"어휴, 이제 뭐부터 어떻게 해야 하나. 내게도 사건을 해결할 알고리즘을 좀 짜 줘라, 내 작은 인간 친구야."

마방진은 한숨을 푹 쉬다가 천재의 허리를 꼭 안고 잠이 들었어. 하지만 천재가 비명을 지르고, 허우적거리며 잠꼬대를 하는 바람에 몇 번이나 잠에서 깨고 말았어.

천재는 밤마다 잠을 설쳤어. 예전에는 유령 악몽을 꿀 때만 빼고는 누가 업어 가도 모를 만큼 잘 잤는데 어쩌다 이렇게 되었을까?

사실, 천재는 그 이유를 알고 있었어.

천재는 주먹을 불끈 쥐고 일어나 소리쳤어.

"알았어. 알았다고! 이게 내 운명이라면 장렬하게 받아들일게. 내 목숨을 걸고 구하면 되잖아."

코딩 몬스터와 마방진이 놀라서 천재를 쳐다보았어.

"유령 형들. 그동안 미안했어요. 그동안 나, 유령이 보이는 데에도 안 보이는 척했어요. 무서워서요. 친구들을 구하려면 다시 〈유령 감옥 탈출〉 게임에 들어가야 할 것 같아서 무서웠어. 다시 못 나오면 어떡하나 싶어서 무서웠어. 하지만 나 혼자만 사는 것도 무서워. 주리랑 라쿨라 누나랑 친구들이랑 푸름이를 다 모른 체하고 혼자 살기도 무서워. 마음이 너무 불편해. 나는 너무 착한 게 병이야. 엉엉엉."

천재는 어린애처럼 엉엉 울었어. 미소가 못 봐서 다행이지, 봤다면 '울보, 바보'라며 한 달은 놀렸을 거야.

미스터리 수학

최초의 프로그래머 '에이다 러브레이스'

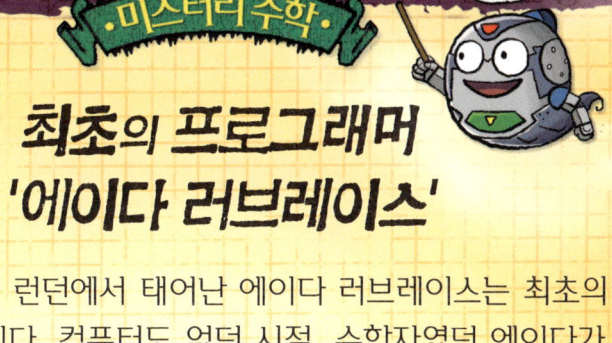

1815년, 영국 런던에서 태어난 에이다 러브레이스는 최초의 프로그래머이다. 컴퓨터도 없던 시절, 수학자였던 에이다가 어떻게 프로그래머가 되었을까?

에이다는 컴퓨터 프로그램을 직접 짠 것이 아니라 프로그래밍 언어의 기초를 생각해 냈다. 에이다는 어느 날 수학자인 찰스 배비지가 만든 해석 기관을 보게 되었다. 해석 기관은 복잡한 계산을 대신해 주는 기계였다.

에이다는 배비지와 함께 해석 기관을 연구하다가 이 기계가 베르누이수라는 복잡한 계산을 할 수 있도록 명령문을 만들었다.

이 기계 명령문은 컴퓨터의 알고리즘과 프로그래밍 언어의 기초가 되었다. 에이다의 흔적은 현대의 프로그래밍 언어에 고스란히 남아 있어서 에이다가 기계 명령문에 처음 썼던 '이프(if)', '점프(jump)', '루프(loop)' 등이 현재까지도 프로그래밍 언어로 쓰이고 있다.

또 미국 국방부에서는 자신들이 개발한 프로그래밍 언어의 이름을 '에이다'라고 붙였다.

유령 감옥 탈출 대작전

   유령 감옥에서 아이들 구출하기 대작전은 유령 세계와 인간 세계, 가상 세계 세 군데에서 동시에 펼쳐졌어. 마방진은 천재가 다시 기운을 내자 곧장 유령 세계로 날아가 비트령의 작업실로 쳐들어갔어. 벨도 누르지 않고 노크도 없이 작업실의 문을 벌컥 열었지.

 "멍청한 탐정 마방진, 이제야 날 찾으러 왔군. 하지만 난 다시 인간 세계로 가야 해. 우리 금바다가 제일 좋아하는 새우와 조개를 구하러 갈 거거든."
 비트령은 어깨에 거북을 담은 가방을 메고 있었지. 마방진은 눈을 부라리며 유령 수갑을 꺼냈어.
 "날 속이고, 놀리고도 살아남을 줄 알아? 이번에는 절대 놓치지 않겠다."
 그 순간 번쩍 플래시가 터졌어. 마방진은 깜짝 놀라 눈을 감았어. 그런데 다시 눈을 떠 보니 비트령이 없었어. 가상 세계로 도망친 거야.
 "그래? 셀카를 찍으면 가상 세계의 게임 속으로 들어가는 거야? 거기를 통해 또 인간 세계로 넘어가려고? 내가 못 쫓아갈 줄 알아? 나도 유령 스마트 패드가 있다고."
 마방진도 자신의 유령 스마트 패드로 셀카를 찍었어. 하지만 아무리 사진을 찍어도 마방진은 가상 세계로 들어가지 못했어.
 "쳇, 비트령 카메라에만 특별한 프로그램이 설치되어 있나 보군. 어쩔 수 없지. 문지기 유령한테 사정해서 다시 천재와 코딩 몬스터가 있는 인간 세계로 내려가는 수밖에."
 그 시각 천재와 코딩 몬스터는 라쿨라 게임 월드에서

유령넷에 접속한 뒤 유령 엔트리를 열었어. 천재는 가상 세계로 들어가려고 코딩 몬스터의 소중한 노트북에 머리를 박았어. 코딩 몬스터는 기겁을 했어.

"으헉! 천재야, 왜 그래? 이건 내 몸만큼 소중한 노트북이야."

"미안해요, 형. 가상 세계로 어떻게 들어가야 할지 몰라서……. 지난번에는 강제로 끌려 들어갔거든요."

잠시 고개를 갸웃거리던 코딩 몬스터가 좋은 아이디어를 냈어.

"그래, 사진! 옛날 사람들은 사진에 찍히면 영혼을 도둑맞는다고 생각했대. 그러니까 우리도 네 사진을 찍어서 유령 엔트리에 넣어 새로운 오브젝트로 등록하자."

"에이, 사진하고 영혼이 무슨 상관이에요. 말도 안 돼."

천재는 고개를 절레절레 흔들다가 끄덕였어. 지금까지 말이 안 되는 일들만 일어나고 있잖아? 그러니까 말이 안 되는 게 오히려 말이 되는 일일지도 모르지. 천재는 코딩 몬스터의 카메라를 향해 애매하게 웃으며 말했어.

"파래 형, 날 찍어 줘요. 기왕이면 멋있게!"

코딩 몬스터는 이 와중에 작품 사진을 찍는지 천재의 사진을 찰칵찰칵 많이도 찍었어. 유령 감옥에 갇힌

아이들은 영혼 에너지를 거의 다 잃어 희미하게 변해 가고 있었지. 천재는 마음이 급해졌어.

"서둘러요, 형!"

"알았어. 일단 제일 잘 나온 천재의 사진을 유령 노트북으로 옮겨 저장한 다음, 유령 엔트리 화면을 열고 〈유령 감옥 탈출〉 게임을 불러올게. 그리고 유령 감옥이 있는 장면에 천재의 사진을 오브젝트로 등록하……."

코딩 몬스터의 목소리가 떨렸어. 물론 천재가 열 배는 더 떨렸지. 가상 세계로 들어가도 문제이고 안 들어가도

문제이니까.

딸깍, 코딩 몬스터의 마우스가 매정하게 딸깍거렸어.

"으악!"

천재는 순식간에 〈유령 감옥 탈출〉 게임으로 들어가 버렸어. 잘된 건지 망한 건지 아직은 알 수가 없었어.

게임에 들어가자마자 천재는 비트령을 만났어. 그런데 천재보다 비트령이 더 놀랐지 뭐야.

"으악! 또 버그야?"

"이 악당 프로그래머 유령아, 내 친구들을 돌려줘. 푸름이도 돌려줘."

천재는 용감하게 외쳤어. 비트령은 콧방귀를 뀌었어.

"흥! 넌 가상 세계를 게임방 드나들듯이 하는구나. 하지만 이젠 불가능할걸. 이 게임을 무사히 끝내야 탈출할 수 있는데, 내가 이 게임을 끝낼 코드를 엉망으로 만들어 버릴 테니까. 영원히 유령넷을 헤매며 지내라."

비트령은 블록에 폭탄을 던졌어. 그 바람에 블록들은 여기저기 흩어져 게임 코드가 엉망이 되었어. 겁에 질린 천재는 눈을 질끈 감았다 떴어.

그런데 이게 웬일이야! 폭탄이 유령 감옥과 영혼 발전기까지 폭파했어. 비트령은 어디론가 사라졌고,

 아이들의 이마에 붙어 있던 전구와 유령 감옥도 싹 사라졌어. 천재는 희망을 품고 아이들을 불렀어.
 "주리야, 라쿨라 누나. 다들 정신 좀 차려 봐요."
 영혼 에너지를 너무 많이 빼앗긴 탓일까? 아이들은 꼼짝도 하지 않고 눈도 뜨지 못했어.
 '너무 늦은 거 아냐?'
 천재는 울컥했어. 그때 라쿨라 누나가 힘겹게 눈을 떴어.
 "누나, 나야. 진짜 천재. 누나랑 친구들을 구하러 왔어. 그런데 비트령이 블록을 엉망으로 무너뜨렸어. 이 게임을 무사히 끝내야 나갈 수 있다고 했는데, 우리 게임을 끝내고 탈출할 방법이 있겠지?"
 라쿨라는 힘없이 눈을 한 번 깜빡였어.
 "누나, 말 좀 해 봐요. 응?"
 천재가 라쿨라에게 말을 시키는 동안 코딩 몬스터는 여기저기 흩어진 블록을 살펴보았어. 주로 덧셈 코딩할 때 쓰는 블록들이었어.
 "천재야, 무너진 블록들은 주로 덧셈 코딩에 쓰이는 거야. 덧셈 코딩을 하면 될까?"
 코딩 몬스터의 말을 듣고 라쿨라가 힘겹게 눈을 한 번 떴다가 다시 감았어.

"누나, 맞아? 대답 좀 해 줘요. 응?"

라쿨라는 또다시 눈을 한 번 깜빡였어. 천재는 너무 답답해서 눈물이 났어.

바로 그때 조금 전에 내려와 상황을 지켜보던 천재 탐정

마방진이 라쿨라의 눈짓을 추리했어.

"천재야, 라쿨라는 눈 깜빡임으로 말을 하고 있어. 깜빡 한 번이면 '맞다'라는 뜻이지, 그렇지?"

라쿨라가 눈을 한 번 깜빡였어.

"두 번 깜빡이면 '아니다'라는 뜻인가?"

라쿨라가 희미하게 웃으며 눈을 한 번 깜빡!

이제 라쿨라와 의사소통하는 데 문제가 없을 거야. 코딩 몬스터는 흩어져 있는 블록을 바르게 쌓아 올린 후 라쿨라에게 보여 줬어.

"첫 번째 수와 두 번째 수를 더하는 덧셈 코딩이었어.

그다음엔 어떻게 하지?"

"짜, 짝수."

라쿨라가 힘겹게 한 단어를 말했어.

"짝수? 2로 나누면 나누어떨어지는 수 말이야? 짝수를 더하면 돼? 아니면 답이 짝수가 나와야 해?"

하지만 라쿨라는 더 이상 말을 하지 못했어. 의식을 완전히 잃고 쓰러지고 말았어. 이제는 정말로 시간이 없었어.

"힌트는 짝수야. 최고의 명탐정 마방진 형, 짝수를 어쩌라는 건지 추리 좀 해 봐요."

천재는 마방진을 졸랐어. 마방진은 천재와 아이들이 있는 화면을 뚫어져라 바라보았어. 마치 눈빛으로 가상 세계의 벽을 허물고 인간 어린이들을 구하려는 듯이 말이야.

"여기에 장면 제목이 107과 152가 있어. 덧셈 코딩으로 정답 152를 만들어서 짝수인 152 장면으로 넘어가라는 뜻 아닐까? 그럼 이 게임이 끝나는 거지!"

마방진은 천재와 코딩 몬스터를 번갈아 쳐다보았어. 모두 다 고개를 끄덕였어. 코딩 몬스터는 재빨리 코딩을 마무리했어.

"이제 코딩은 끝났어. 정답이 152가 나오도록 숫자를 넣으면 돼. 첫 번째 수는 내가 제일 좋아하는 행운의 77. 두 번째 수는……?"

코딩 몬스터의 손가락이 그만 길을 잃었어.

이럴 때 필요한 건 암산 능력이 뛰어난 수학 탐정 유령 마방진이야.

> 첫 번째 수 77에 어떤 수를 더해 152가 되어야 한다.
>
> 77 + ㅁ = 152
>
> ㅁ = 152 - 77
>
> = 75

 코딩 몬스터가 비장한 표정으로 75를 입력했어. 그러자 화면이 152 장면으로 넘어갔어.

 '유령 감옥 탈출 게임은 끝났다. 모든 것은 처음으로 돌아간다.'

 알쏭달쏭한 메시지가 떴어. 잠시 세상이 멈춘 듯 아무 일도 일어나지 않았어. 인간 세계와 유령 세계, 가상 세계가 눈을 감은 듯 고요했다가…….

 깜빡! 천재와 아이들은 순식간에 0과 1로 만들어진 디지털 가상 세계에서 인간 세계로 빠져나왔어. 마방진은 아이들이 밖으로 나오자마자 바쁘게 움직였어. 아이들이 정신을 차리기도 전에 모두의 뒤통수를 쓰다듬어 유령 기억을 없앴지.

 "게임을 너무 많이 했나? 왜 이렇게 배고프고 몽롱하지?"

 아이들은 유령에 홀린 듯 집으로 돌아갔어. 주리마저도

이상하게 엄마가 보고 싶다며 집으로 달려갔어.

"아, 살았다."

천재는 그제야 마음을 푹 놓고 기지개를 켰어. 그런데 라쿨라 게임 월드의 구석에서 버둥거리는 저것은……?

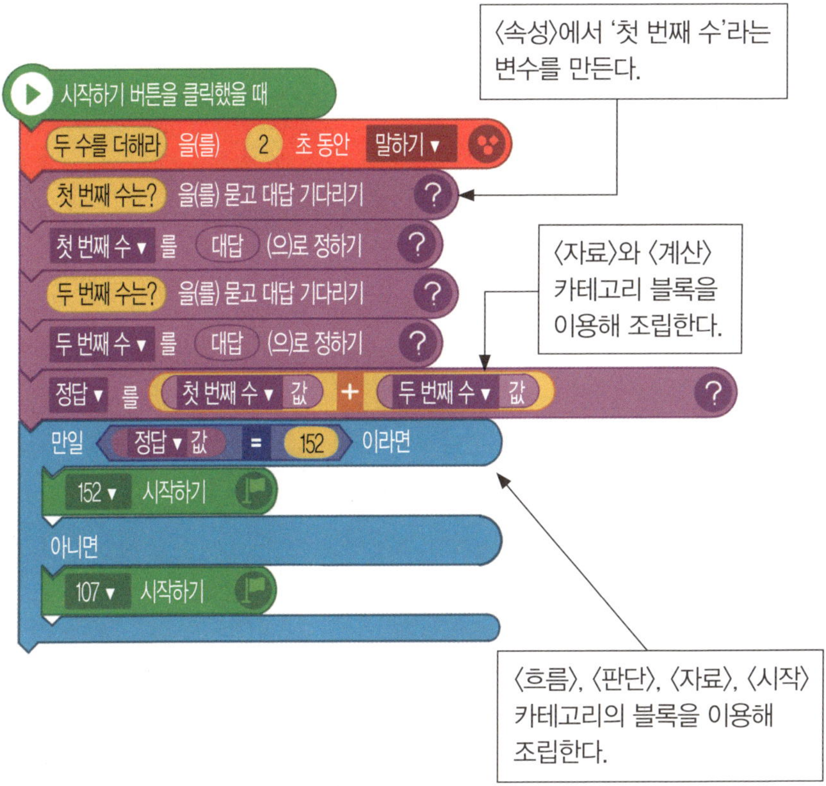

〈속성〉에서 '첫 번째 수'라는 변수를 만든다.

〈자료〉와 〈계산〉 카테고리 블록을 이용해 조립한다.

〈흐름〉, 〈판단〉, 〈자료〉, 〈시작〉 카테고리의 블록을 이용해 조립한다.

에필로그
악당 비트령의 최후

"푸름이?"
 라쿨라 게임 월드 구석에서 지한이의 거북 푸름이가 거꾸로 뒤집어진 채 버둥거리고 있었어.
비트령이 폭탄이 터지기 직전 인간 세계로 나왔는데

 거북이가 그만 바닥에 거꾸로 떨어지고 만 거야. 거북은 짧은 다리를 버둥거리며 몸을 바로 잡으려고 애썼지만 유령 세계와 가상 세계를 오가는 동안 힘이 다 빠져 버려서 혼자는 할 수 없었어. 비트령도 영혼 발전기가 폭파되는 바람에 에너지가 떨어져서 도와줄 수 없었지.
 "금바다, 금바다야, 어떡해!"
 비트령은 안타깝게 외쳤지만 고통스럽게 버둥거리는 거북을 지켜볼 수밖에 없었지.
 "푸름아, 내가 도와줄게."
 천재가 다가갔어. 비트령이 꽥 소리를 질렀어.
 "우리 금바다를 건드리지 마."
 "하지만 그냥 두면 푸름이가 너무 괴롭잖아."
 "우리 금바다를 납치하려고? 저리 가. 내가 금바다를 포기할 줄 알아?"
 비트령은 자기만 생각하는 철없고 이기적인 유령이었어. 천재는 비트령이 정말 미웠어.
 "야, 비트령. 너 정말 못됐다. 네가 그렇게 아끼는 금바다가 괴로운 건 생각도 안 하고 네 생각만 하냐? 너 같은 유령한테, 네가 유령이 아니라 진짜 사람이라도 절대 푸름이 못 보내. 푸름이는 푸름이를 아끼고 사랑해 주는

지한이랑 살아야 해."

천재는 성큼성큼 거북이에게 걸어갔어. 자신을 가로막는 비트령의 투명한 몸을 통과해 거북이의 몸을 뒤집어 주었어. 겉으로는 비트령이 하나도 무섭지 않은 것처럼 행동했지만 속으로는 무서워서 다리가 바들바들 떨렸어. 감히 뒤를 돌아보지도 못했지.

"끼아악!"

등 뒤에서 비트령의 끔찍한 비명이 들렸어. 비트령이 천재를 공격하려고 기합을 넣는 걸까? 천재는 재빨리 거북이를 품에 안고 책상 밑으로 숨었어. 의자가 우당탕 넘어지고 컴퓨터랑 키보드, 마우스가 떨어졌지만 그런 걸 살필 겨를도 없었어. 다행히 비트령은 천재를 공격하지 않았어. 마방진의 유령 그물에 잡히는 바람에 화가 나서 비명을 지른 거였어.

"비트령, 널 체포한다. 인간 어린이들을 위험에 빠뜨린 죄, 유령 세계와 인간 세계를 허락 없이 넘나들고, 가상 세계를 통해 두 세계의 질서를 어지럽힌 죄야. 유령 재판소에 널 넘기겠다."

마방진은 비트령을 유령 그물로 단단히 잡고 의기양양하게 말했어. 천재는 마방진에게 엄지손가락을

치켜올려 주었지.

"천재야, 뭐 하니? 내 작업실을 무너뜨리려는 거니?"

라쿨라가 다가와 물었어. 라쿨라는 인간 세계로 나오자마자 유령 기억을 모두 잃고 잠들었었어. 당연히 유령을 보지도 못했지.

"누나, 몸은 좀 괜찮아요? 아픈 데는 없고?"

천재의 물음에 라쿨라는 하품으로 대답했어.

"몰라아아함. 오늘은 그만 집에 가야겠다. 악몽을 꾼 것처럼 기분이 안 좋아. 너도 그만 가라. 응?"

"가야지. 안 그래도 나가려고 했어요. 안녕, 누나."

"게임 아웃, 게임 아웃, 게임 아웃."

라쿨라 게임 월드를 나서는 천재의 뒤에서 까미가 요란하게 울었어. 그런데 까미는 뭔가 알고 있는 걸까? 평소와 달리 천재를 '바보'라고 부르지 않았어.

천재는 거북 한 마리와 유령 셋을 이끌고 지한이의 집으로 갔어. 다행히도 지한이는 집에 없었어. 천재는 얼른 거북이를 제집에 넣어 주고 비트령에게 말했어.

"비트령, 금바다한테 작별 인사해. 한동안 못 볼 거잖아."

"싫어. 또 보면 미련이 생길 것 같아. 그럼 못 헤어져."

  천재는 거북이를 보고 눈을 감아 버리는 비트령이 안타까웠어. 못된 짓을 많이 하긴 했지만 거북이를 사랑하는 마음은 진짜 같았거든. 사랑을 표현하는 방법이 잘못되어서 문제였지만 말이야.

  이제 천재와 유령들이 헤어질 시간이야.

  "내가 좋아하는 이야기의 결말은 다 똑같아. '모두 집으로 돌아가 행복하게 살았습니다.'"

  "그래, 이제 모두 돌아가자. 유령은 유령의 집으로,

천재는 천재 집으로."

 마방진은 천재의 곱슬곱슬 앞머리를 살살 쓰다듬었어.

"천재야, 눈 좀 감아 봐. 뭐가 보이니?"

 천재는 순순히 눈을 감았어. 천재는 유령 기억을 잃는 게 하나도 아쉽지 않아. 언젠가 또 만날 거니까. 그날이 빨리 와도 좋고 천천히 와도 좋아!

무선 인터넷을 가능하게 해 주는 바닷속 네트워크

우리는 세계 어디서나 무선으로 인터넷을 쓸 수 있다. 인터넷이 전 세계를 연결할 수 있는 이유는 약 7cm 두께의 광케이블(다량의 정보를 신속하게 보내기 위해 광섬유로 만든 케이블) 덕분이다. 광케이블은 바다 밑에 묻혀 대륙과 대륙 사이를 연결하고 있다.

남극을 제외한 모든 대륙과 대륙 사이의 바다 밑에 엄청난 길이의 해저 광케이블이 깔려 있다. 현재 전 세계적으로 약 130만 km의 광케이블이 해저 곳곳에 깔려 있고, 우리나라와 일본, 중국, 동남아를 잇는 바다에도 광케이블이 깔려 있다. 그래서 상어가 케이블을 물어뜯거나 해저 지진으로 케이블이 손상되면 인터넷이 먹통이 되기도 한다.

광케이블이 연결되지 않은 남극 등 몇몇 지역은 인공위성을 통한 위성 인터넷을 이용한다. 머지않은 미래에는 인공위성이 해저 광케이블을 대신해 전 세계를 연결할 것이다.

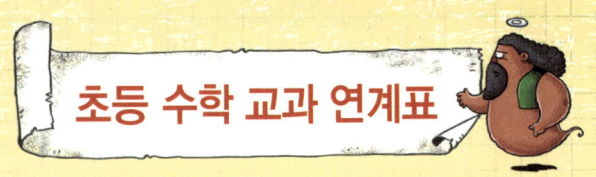

초등 수학 교과 연계표

수학 개념	본 책	관련 단원	
		학년-학기	단원
덧셈과 뺄셈	166p	2-1	3. 덧셈과 뺄셈
마방진	44~45p	창의 수학	
문제 해결 및 창의 수학	34p, 98~100p, 149~150p	창의 수학	
백분율	19p	6-1	4. 비와 비율
소수	109p	수학 상식	
십진법과 이진법	103p	수학 상식	
완전수	109p	5-1	2. 약수와 배수
원의 중심	57p	3-2	3. 원
이상, 미만	128p	5-2	1. 수의 범위와 어림하기
정다각형 그리기	140p, 142p	4-1	2. 각도
		4-2	6. 다각형
평행선	57p	수학 상식	

초등 실과 교과 연계

5학년	6. 나의 진로
6학년	3. 생활과 소프트웨어 4. 발명과 로봇

퀴즈! 과학상식 현 85권

엉뚱한 유머와 상상을 초월하는 재미가 가득!
쉽고 재밌는 과학·수학 원리가 머리에 쏙쏙!

1	동물	43	공포 마술
2	인체	44	황당 과학
3	우주	45	공포 과학 사건
4	발명·발견	46	공격·방어
5	물리·화학	47	황당 수학
6	날씨·환경	48	꼬질꼬질 과학
7	바다·해저	49	오싹오싹 과학
8	곤충	50	미스터리 수학
9	똥·방귀	51	공부 과학
10	로봇	52	공포 수학 사건
11	몸속 탐험	53	미스터리 암호 과학
12	지구 탐험	54	공포 퍼즐 수학
13	에너지	55	황당 추리 수학
14	전기·자석	56	황당 수수께끼 과학
15	독·희귀 동·식물	57	황당 마술 수학
16	로켓·인공위성	58	황당 요리 수학
17	두뇌 탐험	59	SOS 생존 과학
18	벌레	60	공포 미로 수학
19	사춘기·성	61	황당 암호 수학
20	남극·북극	62	SOS 쓰레기 과학
21	동굴 탐험	63	황당 캠핑 수학
22	사막·정글	64	황당 게임 수학
23	질병·세균	65	최강 개그 과학
24	화산·지진	66	황당 요괴 수학
25	불가사의	67	황당 도형 수학
26	세계 최고·최초	68	황당 직업
27	천재 과학자	69	황당 연산 수학
28	파충류·양서류	70	황당 개그 수학
29	실험·관찰	71	황당 텔레비전 수학
30	응급처치	72	황당 불량 과학
31	미래 과학	73	뇌와 인공 지능
32	벌레잡이 식물	74	최강 로봇 수학
33	식품·영양	75	빅데이터 과학
34	스포츠 과학	76	드론 과학
35	엽기 과학	77	가상 현실·증강 현실
36	공룡	78	사물 인터넷 과학
37	별난 연구	79	황당 방송 과학
38	과학수사	80	3D 프린팅 과학
39	공포 과학	81	엉뚱 실험 수학
40	공포 미스터리	82	황당 측정 수학
41	별난 요리	83	유튜브 크리에이터
42	공포 독·가스	84	세계 불가사의 수학
		85	귀여운 강아지 과학

★퀴즈! 과학상식 시리즈는 계속 나옵니다.

미스터리 수학

무선 인터넷을 가능하게 해 주는 바닷속 네트워크

우리는 세계 어디서나 무선으로 인터넷을 쓸 수 있다. 인터넷이 전 세계를 연결할 수 있는 이유는 약 7cm 두께의 광케이블(다량의 정보를 신속하게 보내기 위해 광섬유로 만든 케이블) 덕분이다. 광케이블은 바다 밑에 묻혀 대륙과 대륙 사이를 연결하고 있다.

남극을 제외한 모든 대륙과 대륙 사이의 바다 밑에 엄청난 길이의 해저 광케이블이 깔려 있다. 현재 전 세계적으로 약 130만 km의 광케이블이 해저 곳곳에 깔려 있고, 우리나라와 일본, 중국, 동남아를 잇는 바다에도 광케이블이 깔려 있다. 그래서 상어가 케이블을 물어뜯거나 해저 지진으로 케이블이 손상되면 인터넷이 먹통이 되기도 한다.

광케이블이 연결되지 않은 남극 등 몇몇 지역은 인공위성을 통한 위성 인터넷을 이용한다. 머지않은 미래에는 인공위성이 해저 광케이블을 대신해 전 세계를 연결할 것이다.

초등 수학 교과 연계표

수학 개념	본책	관련 단원	
		학년-학기	단원
덧셈과 뺄셈	166p	2-1	3. 덧셈과 뺄셈
마방진	44~45p		창의 수학
문제 해결 및 창의 수학	34p, 98~100p, 149~150p		창의 수학
백분율	19p	6-1	4. 비와 비율
소수	109p		수학 상식
십진법과 이진법	103p		수학 상식
완전수	109p	5-1	2. 약수와 배수
원의 중심	57p	3-2	3. 원
이상, 미만	128p	5-2	1. 수의 범위와 어림하기
정다각형 그리기	140p, 142p	4-1	2. 각도
		4-2	6. 다각형
평행선	57p		수학 상식

초등 실과 교과 연계

5학년	6. 나의 진로	
6학년	3. 생활과 소프트웨어	
	4. 발명과 로봇